謝哲青 著

歐遊情書

因為太美，一定要說給你聽的風景

挪威
奧斯陸
瑞典
芬蘭
俄羅斯
莫斯科
丹麥
哥本哈根
歐登塞
漢堡
阿姆斯特丹
荷蘭
不來梅
德國
德勒斯登
布魯賽爾
比利時
香提伊
巴黎
凡爾賽
維也納
奧地利
法國
威尼斯
帕多瓦
亞維農
塞南克
佛羅倫斯
義大利
葡萄牙
馬德里
西班牙
羅馬
里斯本
拿坡里

〈序〉從寂滅之城開始的旅行

那遺留給我的幸福，
回來吧！我的真愛。
暮色沉落林間
妳是天光，妳是白晝。
心倚著心不安地跳動
飛升的希望，迎向天空。
是啊！一首悲傷的歌。
一首訴說真愛的歌，
一首終必死亡的歌。
我知道這首歌。
年輕歲月裡，我經常聽見它，

於那更美好的歲月裡。
這歌還有一小段
我還記得嗎？
儘管憂慮陰沉地前來，
回來吧！我的真愛。
以妳蒼白的臉倚近，
死亡無法使我們分離。
若有一天妳不得不離開我，
請相信：死後一樣有來生。

——康果爾德《死城．我永恆的幸福》

第一次世界大戰，在死亡與瘟疫中黯然落幕，數以百萬計的生命在烽火前線，在狼煙外圍失去光明。自私的政客與僞善的布爾喬亞，是這場連年兵禍的元凶，年輕的人們帶著失落絕望，從廢墟中站了起來。他們用憤怒表達生活中的不滿，用咆哮取代內心的哭號。這股烈火，一路從繪畫、拼貼、雕塑、詩歌延燒到音樂。康果爾德，這位來自奧地利與捷克邊境的年輕人，以二十三歲的天才，譜下二十世紀最出色，也最神秘晦澀的歌劇《死城》（*Die tote Stadt*）。

康果爾德筆下的《死城》，是法蘭德斯的布魯日：死去的、一息尚存的、帶著懷想的與失憶的，終日在這座迷霧不散的城市中流連、邂逅與道別。對我而言，布魯日太熱鬧、太活潑了。我非常喜歡康果爾德，卻總覺得布魯日與我心中的死城有距離。於是，我離開這座北海畔的水上小鎮，來到地中海岸古老的廢墟，終日徘徊飄蕩，縱使是地闊天清的日子裡，這座古城也像是被蒙上一層氤氳，讓所有的故事變成可能。古城擁有的不單單是流逝的過往，更是現在與未來，在此時間不斷地凝縮又抽長。這裡，才是我心中的寂滅之城。

公元七十九年八月二十四日上午十點到下午二點，義大利南方的維蘇威火山爆發。猛烈的噴發，挾帶著灼熱無情的火山灰、高溫碎屑，以及數以千萬噸計的熔岩，將附近原本活躍的城鎮瞬間凝固，在五公尺深的火山灰下死滅，世俗的榮華與驚恐的剎那，瞬間化爲礦物，進入永恆。從那天開始，城市的名字在地圖上被抹去。在這片平緩起伏的丘陵上，人們任憑野薊與葡萄藤蔓生，漸漸地，大家開始遺忘這座城市的名字，而稱它爲「西維塔」（la civita），意思是「城市」。

一個沒有表情、沒有特色的名字。

一千年過去了，隨著考古發掘，這座城市又有了生命。今天，龐貝是世界上唯一一座構造完全與當時相符的城市，它一點變化也沒有。許多古羅馬城市的形式規模都已改頭換面。龐貝的街道完全是棋盤方格式地縱橫交錯，黑土與石灰岩構築的兩道護城牆，依然頑強地守護著城市，界定著生命與死亡的分際。街面鋪有多邊形的石塊，它們完全是東西走向，這是正宗的古羅馬傳統。

漫步於千年前的繁華大街，穿梭於當年的酒吧、澡堂、市集、麵包鋪、青樓之間，讓我們有恍若隔世的感受，古代生活栩栩如生地展現在我們眼前，連面對死亡的恐懼也是歷歷在目。我在頹圮古城中尋找的，不是生命的歡樂，而是傷感的氛圍。

妳問我，出走的原因。我想了想，說不出話來。

某年某月，我和她開始了，某年某月，我和她結束了。我想要離開生長、求學、工作、戀愛的島嶼，到世界任何一個角落，哪裡都好，只要不是我的家鄉。不知道多少歲月過去，我將回憶沉沉地積澱在回憶深處，而取代回憶的，是巨大無匹的虛空。爲了填補這片荒蕪，我馬不停蹄地，在旅途上探索追逐。

在某年某月，我的某部分，裂解成億萬碎片，散落在世界的每一個角落，而我，透過曲折與顚簸，重新收集自我，完成自我。只是，拼湊回來的靈魂，和原來的版本不太一樣了，有些不同，有點改變……不過，這就是今天的我，妳所熟悉的我。

龐貝，原本只是一座平凡的城市，住著平凡的市民，過著平凡的生活。充其量，在歷史上只能占據一個不起眼的小角落。驚世浩劫將它從地圖上抹去後，龐貝人的日常生活就被置入時空膠囊，凍結了好幾個世紀，直到人們重新發現。在這裡，日常生活似乎仍在繼續：競技場旁的角鬥士們，揚著血與砂，在城市的東南角奮力掙扎……工人們攪拌著牡蠣殼與生石灰，將粉刷貴族別墅的華麗庭園……大殿裡的神官，緩緩走上臺階，將羔羊獻祭給太陽神阿波羅……龐貝之所以動人，不在於它的規模形式，而是我們在每個角落，都可以發現與我們相同的男男女女，他們的家庭、他們的感情、他們的工作、生活中的風風雨雨，點點滴滴，都從歲月中走來。於是，我們驀然發現，身而爲人，從古至今都沒有太多的改變，我們分享著同一個世界、同一個夢想，昔日的痛楚與歡愉，焦慮與想望，在這寂滅的城市中，展露無遺。

千年以後，我們又重新介入龐貝的欲望與逸樂。在凡人與衆神、世俗與神聖、生存與消亡之間，廢墟不再只是斷垣殘壁，不再只是壯烈的景觀，更不是愛戀神往的所在。死城是經驗本身，廢墟是歷史的碎片。透過人的角度，生滅帶給我們無言的悲喜。

因爲龐貝，我看見內心的孤寂。因爲妳，走入我這座寂滅之城，生命重新回到這片荒蕪，爲妳我的未來，帶來無限的可能。

義大利・帕多瓦

喬托與史格羅維尼禮拜堂——從神到人的轉捩點

大部分的旅行者，在義大利北部的時候，都會「不小心」跳過了帕多瓦，畢竟名聲響亮的威尼斯就在不遠處，在時間有限的旅程中，這座優美的藝術之城，往往就被忽略了。

被忽略也是好的，這樣，我才能帶妳避開喧鬧的人潮，享受這座奇妙的城市。

在這裡，走過中世紀的人們，開始意識到「人」才是生命的主體，他們並未棄絕上帝，但他們的視角開始轉變，從天空逐漸下落，落在凡塵，落在妳我的身上。

喬托，就是改變這一切的先驅者。

讀研究所時，老師要我們去尋找一個地方，在那裡，可以想像自己佇立在時間中，貫穿人類所有的情感。

於是，我找到了帕多瓦，在這裡遇見了喬托。

他透過樸實無華的筆觸，向世界歌頌人的心靈。在喬托之前，中世紀的藝術作品純粹是神蹟的展現，畫面中的人物缺乏情感、面無表情，他們都只是構成事件的道具。喬托的作品讓我們相信：生命的救贖，就存在於我們習以爲常的生活當中；眞正的偉大，就是在熙熙攘攘的紅塵裡，做一個平凡自在的人。這位偉大的畫家，達文西稱他爲「藝術之父」，沒有他的啓迪，很有可能就沒有文藝復興。或許，我們還要在黑暗中摸索相當的歲月，才能走出中世紀的幽黯。

帕多瓦是座典型的文藝復興之城。全世界第一座研究用的大學植物園（Orto botanico di Padova）就座落在此，以往，植物園只是修道院中對伊甸園的模擬，大學植物園是人類史上第一次，爲了探索知識而建立一座植物園，一座活生生的百科圖鑑。這座植物園也在一九九七年，被納入聯合國教科文組織的世界文化遺產。梵諦岡欽定的天主教八大聖堂之一，當地人稱爲「Il Santo」的聖安東尼聖殿（Basilica Pontificia di Sant'Antonio di Padova），也在帕多瓦的市中心，聽說能爲惡夢連連的信眾守護他們的睡眠。古城中景致優雅的帕多瓦運河，連結了二十多公里外的威尼斯。文藝復興時期的雕塑大師多那太羅著

喬托（Giotto di Bondone,1266-1337）

名的青銅騎馬巨像「加塔梅拉塔」（Gattamelata），也位在帕多瓦市區。再加上擁有歐洲最大的室內空間、無與倫比的市政廳（Palazzo della Ragione），帕多瓦，到處都是讓人驚喜連連，兼具巧思與奇想的藝術珍品。

十四世紀初的帕多瓦，已是一座富裕的手工藝之都。喬托接受了富商恩里科・史格羅維尼的委託，爲史格羅維尼家族奉獻的禮拜堂繪製濕壁畫。當時，這個家族是義大利北部著名的金控集團。說史格羅維尼家族是銀行家，其實是抬舉，他們的營運靠的是高利貸。在宗教氛圍濃厚的中世紀，放高利貸是不可饒恕之罪，《聖經》裡明文寫著：「以錢套利的人，即使駱駝穿過了針眼，也不能上天堂。」著名的詩人但丁在《神曲》中，也將放高利貸的銀行家打入地獄的第七圈「暴力之環」，與瀆神者與雞姦者一同放逐到無邊的熾熱砂漠中，接受火雨燒灼的懲罰。

恩里科爲了替過世的父親贖罪，也希望爲自己的死後擔保，花了大錢捐獻禮拜堂，企圖洗清史格羅維尼家族所犯下的罪愆。就在罪惡感與下地獄的恐懼驅動下，藝術史最偉大的濕壁畫創作出現了。

這三十七幅濕壁畫，最令觀者感到驚心動魄的，就是「眼神」。中國傳說畫龍時不能先畫眼，以免點了睛的龍活起來飛走。喬托筆下的人物，就像是有了生命般，藉由畫中人物的眼神流轉，呈現出人的際遇。雖然畫的主題是耶穌家族的故事，但我們看見的，並不是神的顯聖，而是人複雜的情感面。

我相信，在喬托心裡，他對「神」其實是存疑的。他對自己所屬的時代，藉由畫作，留下了隱晦而震撼的挑釁：他認爲耶穌是人。喬托是第一個站在「人」的角度看待耶穌的畫家。

我是一個堅定的不可知論者，我所相信的一切，始終與超驗的宗教背道而馳。在我個人的想像之中，所有存在的一切都有個不能解釋，也難以想像的開始，這樣的初始，遠離了宗教，甚至也可能遠離了科學的臆測。在「信仰」，或者說是「相信」這條路上，我與中世紀的上帝信徒，可以說是坐在同條方舟上，卻各自面對著不同的星空。

不過，我相信，最純粹的信仰，就存在於最純粹的事物中。

我也相信，信仰的核心，是最純粹的愛與相信。

史格羅維尼禮拜堂內，喬托在左右兩面的巨牆上，分別繪製了聖母瑪利亞與耶穌的生平。妳知道耶穌是無原罪受胎，但祂的母親瑪利亞，又是如何出生的呢？我們在這面濕壁畫上，看見瑪利亞的父親聖約阿希姆與母親聖安妮，他們已經結褵數十年，卻一直沒有子嗣。在當時，沒有後代可是一種罪呢！因爲有罪，所以上帝不賜子嗣；沒有子嗣，也就是罪人的象徵。

有一天，聖約阿希姆帶著羔羊到聖所去獻祭，由於罪人的身分，遭到祭司無情的拒絕，被趕出聖所。聖約阿希姆垂頭喪氣地走在路上，他不明白自己爲什麼一輩子行得正、坐得端，卻必須受到無子嗣的懲罰？喬托刻畫了聖約阿希姆被逐出聖所時的景象，他神情落寞，而迎面走來的兩個牧羊人，則斜覷著眼，臉上滿是輕蔑。妳看，那兩個牧羊人，正在互相使眼色：「欸，你看，就是他啦！」那表情多麼的機車啊！

看到這裡，我忍不住笑了出來。雖然這是個很神聖的故事，但喬托的筆觸實在太傳神，把人性中的譏諷與嘲弄表露無遺。

聖安妮得知丈夫被拒絕獻祭，聖約阿希姆只能傷心地在荒野中自行獻祭，依舊虔誠地向上帝祈禱。在向上天祈求時，老態龍鍾的聖安妮，虔誠的目光滿是哀懇，而天使則努力地將身軀擠進狹小的窗口，那身體的姿態正訴說著：「我聽到了！我聽到了！」喬托以細膩而幽默的筆觸，鮮活傳遞了畫中所有人物的情緒與眼神。

天使告訴這對老夫妻，只要在耶路撒冷的金門相會時接吻，就會懷孕。虔誠的老夫妻依照叮囑來到城門口，在畫面上，聖安妮老邁且篤定地，在眾目睽睽之下將嘴唇湊向丈夫，而圍觀的群眾，臉上則滿是等著看好戲的訕笑。兩人無畏世俗成見，在五味雜陳、不懷好意的目光環伺下，依然堅定地親吻著彼此，完成了上天的許諾與考驗，在鄉里的見證下，聖安妮無原罪受胎，瑪利亞於焉誕生。

喬托的動人心處，不是他呈現的故事情節，而是畫面中的情緒具有強烈的渲染力，讓看畫的我們感同身受。在另一幅壁畫〈屠殺嬰孩〉中，母親們眼睜睜看著褓

迎面走來的兩個牧羊人，斜覷著眼，臉上滿是輕蔑。

喬托以細膩而幽默的筆觸，鮮活傳遞了畫中所有人物的情緒與眼神。

褓中的孩子被士兵搶走，她們驚慌失措；看見長槍無情地刺穿孩子時，她們歇斯底里；還有抱著尚有餘溫的嬰兒屍體，母親們所流下悲痛的淚水。這滴眼淚帶給我強烈的衝擊，這是藝術史上的第一滴眼淚。

在此之前，繪畫裡所有的情緒表現，都是內斂、含蓄，不輕易表露的。單就畫中人物的臉部表情，我們無從判別他們是歡喜，或是悲傷。眞實世界的眞情流露：開心時放聲大笑、傷心時痛哭涕零、焦慮時愁眉苦臉、驚嚇時手足無措，在畫家的筆下幾乎是一樣的。喬托將人的七情六欲、喜怒哀樂完整在畫面上呈現，對我來說，喬托就是希臘神話中的泰坦神普羅米修斯，將「眞實」的星火，從天上帶到人間，從此以後，藝術的世界就被喬托所點亮了。

喬托讓我體會到了「勇氣」。一方面是畫家挑戰時代桎梏的勇氣，一方面，是畫中人無畏人言，勇於堅持信仰、直率表達情感的勇氣。我檢視著自己從小難以克服的自卑感，希望被別人認同、希望被別人肯定，卻也因此脆弱，因此受傷。我可以直率地表達自我嗎？在表達的時候，是否能坦然面對那些質疑與嘲笑？

妳堅定地望著我，微笑著點點頭。

嗯，我想，我可以的。

無畏世俗成見，堅定地親吻著，完成了上天的許諾與考驗。

母親們所流下悲痛的淚水，是藝術史上的第一滴眼淚。

法國・塞南克

塞南克修道院——漫漫長路的小停頓

時值夏季，修道院被薰衣草花海重重包圍。穿過這片紫色的汪洋，我來到修道院的大門前。上一次來的時候，這裡正是秋天，金黃色的麥浪鋪天蓋地，綿延到山谷的盡頭，空氣裡瀰漫著麥子的香氣。

麥浪的金黃與丁香紫，都是溫暖而安定的顏色。

成立於一一四八年的塞南克修道院（Sénanque Abbey），隱身在陽光明媚的普羅旺斯，沃克呂茲省。這片山區滿是迷人的小城鎮：湧出清泉，讓義大利文豪佩脫拉克流連忘返的碧泉村（Fontaine-de-Vaucluse）；色彩斑爛的紅色山城魯西雍（Roussillon）；中世紀的教皇之城，也是新世紀藝術之都亞維農（Avignon）；當然不能錯過，幽靜絕美的小山村勾禾德（Gordes），塞南克修道院就座落於此。這些可愛的小城，呈現了法蘭西文化自中世紀以後，敦厚誠摯的田園景觀。

而塞南克修道院，正代表著普羅旺斯精神裡，最不爲人知的神秘風貌。

我想跟妳分享的，是另一種質地的「緩慢」。里斯本的緩慢，是生活的舒緩；

修道院的緩慢，是「慢思」的默化沉潛。

而修道院的緩慢，則是「慢思」的默化沉潛。

我喜歡修道院。在世界各地旅行，尤其是在外頭奔波了一整天後，我一定會找一處安寧的所在，靜靜地待著，讓自己沉澱下來。清眞寺、教堂、佛寺、修道院，都是絕佳的選擇。雖然沒有明確的宗教信仰，但這些地方可以讓我暫時離開世界的紛擾，進入另一個時空。即使只是須臾片刻，神聖的空間卻能讓人感受到充電般的療癒，出來之後，繼續面對複雜的人生。

妳問我，爲什麼要持續地旅行？我想，人之所以會去旅行，一方面是想了解這個廣大的世界，在某種形式上，也是一種出走、一種逃避、一種中斷、一種停頓，逃避原來的生活，讓自己喘口氣。當人生越混亂，所需要的停頓就越長。而在旅途中，一直不間斷地觀看、感受，心神也是會疲憊的，在教堂中的安歇，對我來說，就是旅行生活很重要的小停頓。

因緣巧合，這次可以在修道院中住上一段時間。歷經了歲月的洗禮，眼前的塞南克修道院，連外牆的石頭都顯現出無比的滄桑。它座落於一處隱密的小山谷中，車子必須在蜿蜒的山徑中顛簸片刻後才能抵達。從大門入內，周遭的環境從萬紫千紅的花花世界，頓時切換成黑暗、幽深的純色空間，人們低頭不語，一片寂然。隨著雙眼逐漸適應，我看見了光，清寂的光線從窄小的窗戶中傾瀉而入，幽微地點亮了室內空間。

修道院的地板、牆柱，乃至於天花板，都由石材所砌，光線透過拱券窗在室內畫出一道又一道令人心動的線條，時而銳利，時而柔和，用言語無法訴說的一切，都融合在這篤實的寂靜之中。神聖的光線，洗去了我們在塵世的不堪。沉重粗糙的石塊，塑造出祥和、穩重、安寧的感受。十三世紀建築技術已有了進一步的革新，空間變深了，卻因為結構的關係，內部採光明顯不足，卻創造不同的空靈氛圍，隱約琢磨出生活簡樸、信仰堅定的歐洲中世紀風貌。

歷史課本告訴我們，中世紀是歐洲的黑暗時代。也許是因爲相較於之前的羅馬帝國、稍後的文藝復興，中世紀顯得太內斂了。這段漫長的「黑暗」，始於西元四百七十六年，羅馬最後一位皇帝羅慕路斯・奧古斯都被廢黜，偉大的帝國文明就此告別了歷史舞台，歐洲隨之進入漫漫長夜。

這段漫長的黑夜充滿了苦難試探，先是蒙古人越過了高加索。這群來自大漠的惡魔，摧毀一個又一個基督王國；東方的鐵騎成爲西方的夢魘，信徒日夜祈禱，冀盼世界末日不要來。接著是信奉上帝的國度與阿拉的子民，爲了爭奪耶路撒冷與其他種種，大動干戈，各自堅持的正義與利益，使歐亞大陸血流成河。瀰天的烽火，再加上連年歉收的農稼，人們在飢寒交迫中，只能祈求最低限度的溫飽、祈求聖母垂憐、祈求上帝寬恕，或許，也祈求可望而不可及的永生恩典。

就在末世沉淪的低迷氛圍下，教會發揮了無遠弗屆的社會影響力。我們可以從各式各樣的藝術品、古文物、書面紀錄中，注意到當時的人們對生活充滿了不安，對於宗教所承諾的超脫，則懷有浪漫而熾烈的幻想。這樣的企盼，自然而然地透過工匠、藝匠的手作來傳達。

羅馬最後一位皇帝：
羅慕路斯・奧古斯都。

此時，藝術史上「第一次」具有國際性、普遍性的表現形式，就在這蔓延著恐懼與無力感的時代，應運而生，也就是所謂的「仿羅馬式風格」（Romanesque）。羅馬帝國崩潰，數百年過去，大家早已忘記大競技場、水道橋、帝國市集與宮殿……這些驚人的偉大工程，當初是如何建設起來的。距今大約一千年前，牧羊人到這些頹圮的城牆廢墟內避雨時，總是以訛傳訛地說，這些建築遺跡，是由遠古的巨人族所建造的。教會作爲社會的領袖，也對古代的神奇房屋滿心嚮往，他們想：「如果能像古代那樣蓋出如此氣派的大房子，那會是多麼神氣！多麼光榮啊！」

於是，許許多多的修士，開始研究東方拜占庭的大會堂，以及羅馬帝國時期的巨大遺跡，依樣畫葫蘆，無論從外觀及結構，都模仿了羅馬帝國與拜占庭的建築特色：雄渾的質量、厚實的牆體、半圓形的拱券、堅固的墩柱、拱形的穹頂、巨大的塔樓，以及裝飾精緻的連拱。不過，因爲這些西歐的修士並不清楚「眞正的羅馬人」是如何蓋房子的，他們所興建的修道院，總有點山寨版的味道，藝術史上，我們將這種風格稱爲「仿羅馬式」。

塞南克修道院，就是典型的「仿羅馬式」風格。它維持著千年傳統，將中世紀的時光與氣味，凝結在厚重幽深的空間之中。

中世紀世界運行的節奏緩慢，是一種內省的生活形式。修道院是保存文化和知識的地方，它讓人花更多的時間去省思——省思生命的衝突、省思自己與世界的糾纏，在這個地方，你可以誠實地面對自己，釋放自己。

塞南克修道院很樸素，在裡面生活，可以體會到，人不需要那些多餘的東西，簡簡單單的，就好。一如米開朗基羅刻大衛像，只是把石頭上不屬於它的部分拿掉；修道院的生活，就是把不屬於我們的部分拿掉，剩下的，就是我們自己。

巴思卡曾說：「人，只是一支會思考的蘆葦。」思考，就是修道院的核心。住在修道院，我必須與修士們一同起居。修道院的作息隨著太陽而行，天亮即起，冬日晝短，晚上八點熄燈；夏季日長，晚上十點安歇。修道院禁語，大家靜默地用眼神傳遞訊息；循著鐘聲，規律地進行每日功課。

透過外在的規律，我們會找到內心的秩序。如果妳的生活失速了、失控了，就必須找個地方，花些時間，尋回生命的初衷。人是需要規律的，不一定是早睡早起，而是透過規律，讓我們可以掌握生命的品質，讓身心安定。

除了固定時間按表操課外，在這裡，每天有兩個小時，大家集合起來，輪流向院長請教問題，比方對經文的不解，或是對自身生命的困惑。不一定會輪到你發問，你就繼續慢慢地去思索、去琢磨，修道院爲「沉思」提供了一個很好的環境。

千百年來，修士們漫步沉思的大迴廊，是塞南克修道院最核心的部分，我每天在這裡繞著這座迴廊行走、思索，可以繞上一、兩百圈。現場沒有任何的雕花紋飾，只有廣大而無言的虛空。

大迴廊的正中央是一小撮園圃，種著一、兩株極爲簡單的花草，象徵著亞當與夏娃失去的伊甸園，也是我們世界具體而微的縮影。中世紀的修士們環繞著小園圃，在迴廊中踱步，透過不斷地移動，同時也領受了自然的神奇美好。修道院帶有禪意與哲思的小園圃，提醒了我們對生命的尊重與了解。

千年過去了，如此寬宏的胸襟，依舊是我們身而爲人的必修課題。

人在修道院中，會覺得自己很渺小。仿羅馬風格的建築，厚厚的牆只開著小小的窗，那種微微透著光的黑暗，很像山洞。中世紀的隱修士，當他們要專心思考時，會將自己關進山洞裡。思考，其實就是在黑暗中摸索，將自己置身在幽暗的空間中，將人的內在與外在環境調整成相同的狀態。所以修道院的設計非常重要，其中央的核心一定是花園，外圍圈起龐大、厚重的建築，則是黑暗的空間；最外面的，則是這整個世界。這樣的格局象徵著：人的內心包藏著一份美好與善良。

在黑暗中摸索、思考，專注面對自己糾結的內在，面對恐懼與困惑，是令人苦惱的掙扎。但這種苦惱，會讓人覺得安寧、踏實。當你走出修道院，面對著陽光，望著敞亮開闊的山林原野，薰衣草紫色的花海，或黃澄澄的麥浪，正包圍著你。那種悸動，就像是回歸到嬰兒剛出生時，初看見世界的新鮮、好奇，充滿希望。

當我們走出內在的孤寂與黑暗時，就會發現，外界的美好，正等待著妳我。

西班牙・馬德里

羔羊的隱喻——蘇巴朗沒有說破的陰暗現實

這是一幅黑暗的繪畫，誕生於人類歷史上最黑暗的時代。

構圖很簡單，畫面的正中央，一隻眼神無辜的白色羔羊，四肢被緊緊地綁縛著，羔羊全身癱軟，無力地俯臥在祭壇上，眼睛半開半閉，眼角隱隱約約泛著無助的淚光。我們不知道牠是否已經斷氣，也許還沒有，但牠的眼神中，流露無以名之的無奈，這是任人宰割的絕望。

或許，妳很難相信，這是一幅寫實的宗教畫，宗教畫的功能在於榮耀上帝、透過神性的榮光，彰顯聖恩。但在這幅畫裡，上帝是不存在的。十七世紀西班牙黃金時代（Siglo de Oro）傑出的繪畫大師蘇巴朗，透過〈上帝的羔羊〉，向世界控訴人性的醜陋與時代的愚昧。

我站在這幅畫前，久久不能釋懷。遙遠而灰暗的記憶，悄悄地從遺忘的深淵返回人間，來到眼前。

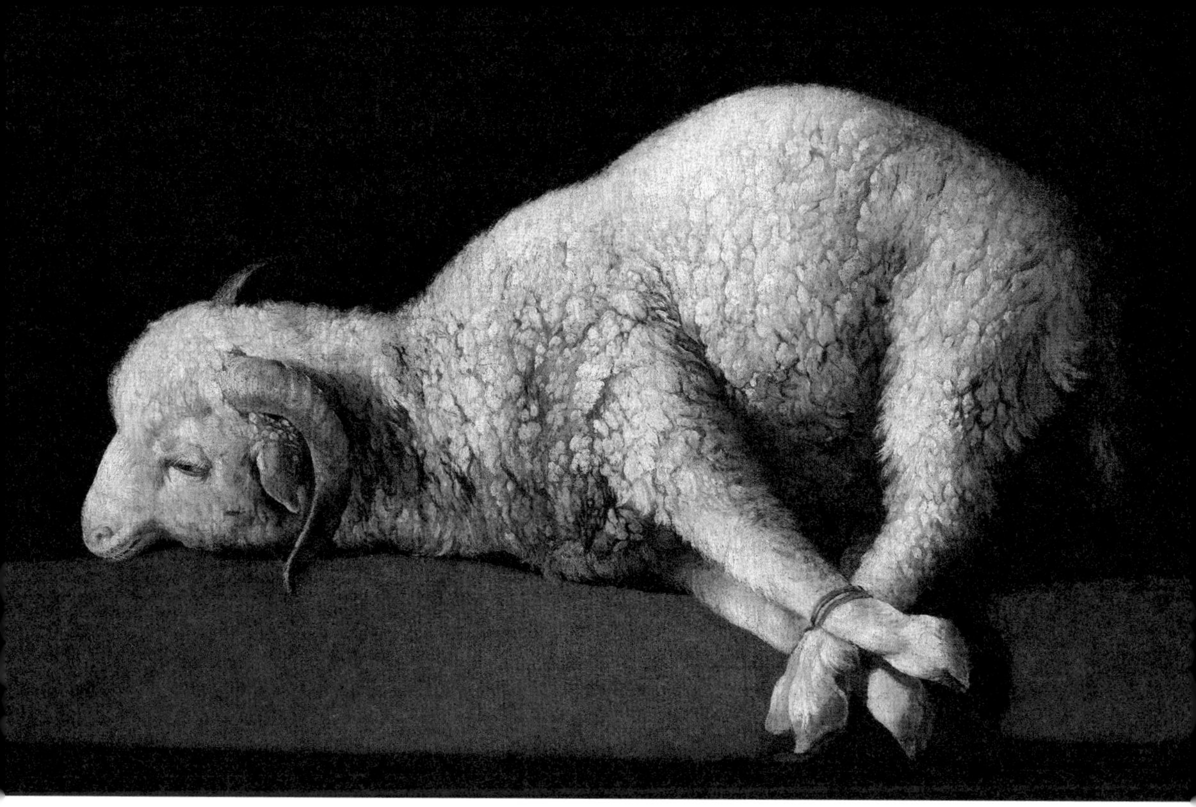

蘇巴朗〈上帝的羔羊〉（*Agnus Dei* by Francisco de Zurbarán）

從小，我就是個寡言的孩子，在閱讀與語文表達的能力只能說差強人意，甚至於反應，都比其他的孩子慢。大家認定我是個遲鈍的孩子，也常常被同學取笑，漸漸地我變得更封閉內向，也更沉默。我在心中築起一道又一道高牆，挖了一條又一條深溝，我將自己困在愁城之中，那裡是我唯一自在的小天地。

在成長的過程，父母總是疲於生計，在外勞碌奔波。就有那麼一段時間，我和家人的關係是陌生而疏遠的。約莫在五歲左右，父母買了一對兔子，給我作伴，同時要我好好照顧牠們。家中經濟狀況不算太好，父母特別叮囑我，家裡不可能買青菜來養兔子，所以我必須負責到野地去拔草給兔子吃。而且，每片草葉都必須擦拭乾淨，因爲外頭不乾淨的水會讓兔子拉肚子。某天，其中一隻母兔子可能因爲吃到不乾淨的草葉，得了痢疾死掉了，只剩下那隻孤伶伶的公兔，牠就是我童年最親近的朋友：小白。

每天，我悉心地爲小白摘取草葉、洗淨擦乾，陪牠玩、和牠說話。在我孤獨的童年記憶中，小白好像是我唯一的朋友。剛升上小二那年，我流離的童年終於告一段落，我和小白來到港都近郊的老公寓。終於，全家人在一起生活了。

當時，最小的弟弟剛出生，搬家又是件繁瑣的雜務，沒有親戚過來幫忙，父親又要在工地操勞，家中大小孩子也需要照管。最後，久居在後山的高齡姑婆，自願前來協助家務，替父母親分勞解憂。

記得那一天，我放學回家後，在新家裡到處都找不到小白。我焦急地問父母親：「我的兔子呢？」

父親沉默無語，面帶憂慮地搖搖頭。

母親也支支吾吾，顧左右而言他，沒有回答我的問題。

晚餐時間，全家人圍著餐桌大快朵頤，餐桌子中間有一鍋湯，此時，小白的頭從湯裡浮了起來。

當場，我緊握著拳頭，強忍眼眶打轉的淚水……最後，我忍不住哭出聲來……姑婆夾起湯裡的肉，一邊咀嚼，一邊抱怨兔子的肉太老、很難吃。

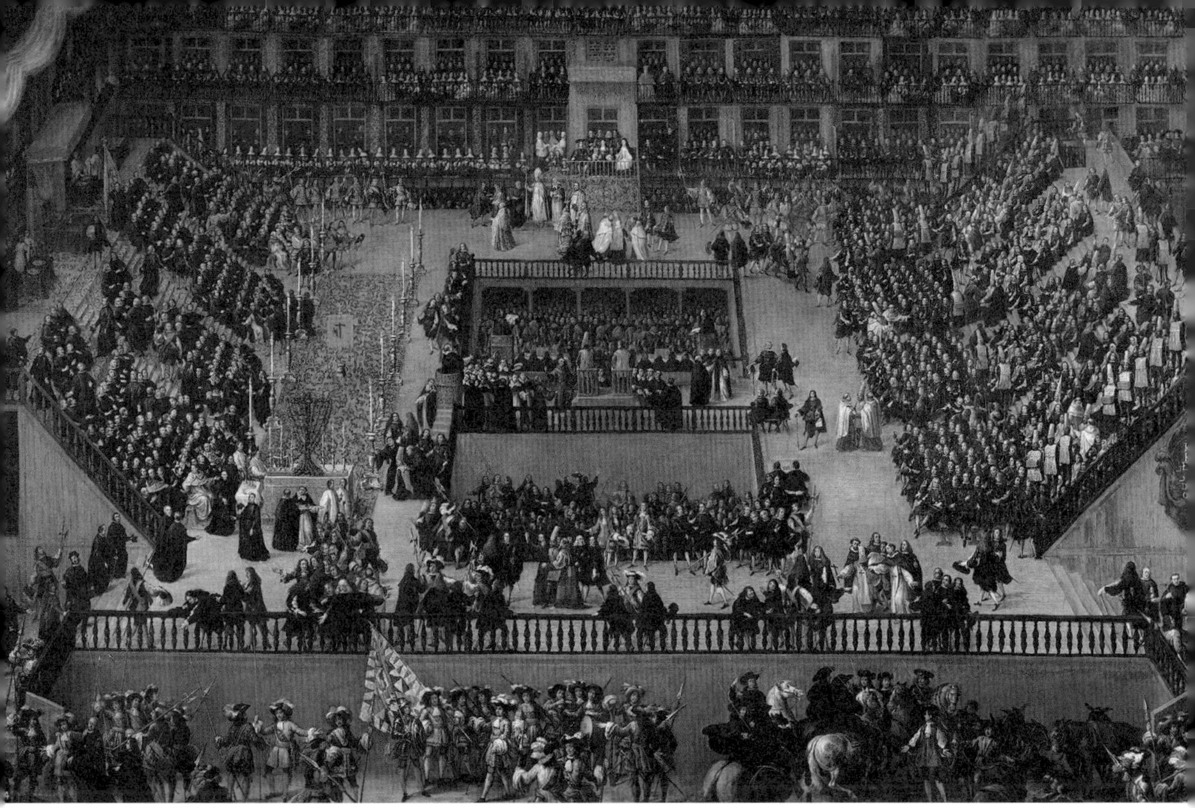

法蘭西斯科・里茲（Francisco Ricci）筆下的公開審判

小白浮在湯裡的那張臉，表情與蘇巴朗筆下的羔羊，一模一樣。

蘇巴朗是十七世紀最出色的宗教意象大師，終其一生爲教會與皇室服務。他擅長描繪聖人肖像、顯聖行止，以及富含哲學與神學寓意的靜物畫。蘇巴朗的作品構圖非常簡單，暗色處理的襯底，像極了星空背後無垠的黑夜。畫面裡往往只有黑與白，藝術家屏棄世俗熱中的繁瑣，就像修士們所離棄塵世的一切，蘇巴朗的繪畫，是信仰與藝術的極簡主義。無論妳投向宗教尋求慰藉，或是放逐在無盡的流亡裡，黑色與白色就是一切。

蘇巴朗的時代，教會黑與白的教義，也面臨新時代思潮激進尖銳的考驗。西班牙宗教裁判所（Inquisición Española，1478 - 1820），原來是爲了維護正信所設立的主管機關，最後卻走火入魔，被偏執與被害妄想牢牢捉住，帶領國家走向毀滅。

在宗教裁判所統治之下，人民必須提供自己擁有基督教血統的證明。日常生活起居、言行舉止，都受到宗教裁判所嚴苛的審查。皇室與教會緊密合作，以對眞神的忠誠爲由，鏟除異端，維護信仰的正統與純淨。

佩德羅（Pedro Berruguete）筆下的火刑場

那什麼是「異端」呢？傷心過度而導致精神異常的老先生、行爲特立獨行的浪漫少女、勇敢與權力機關挑戰的老學究，精通草藥民俗療法的寡婦，都有可能被指控爲被惡魔附身的異端。因此，在宗教裁判所刑求虐死的人不計其數。最恐怖的，是公衆前的批鬥審判，每個城市中心的集會廣場，曾都是火刑柱的所在。被判爲「異端」的罪人，臨刑前必須在廣場赤身裸體，懺悔自己的無知與盲信，神父與教士會到罪人前聆聽告解，之後罪人們會被綁在火刑柱上，活活燒死。如此漫長而緩慢的死亡儀式，目的是讓他們在死前向上帝與教會乞求寬恕。許多畫家在親身經歷宗教迫害後，為我們留下駭人的目擊見證。法蘭西斯科·里茲筆下的公開審判是強制性的宗教教育；佩德羅畫裡的火刑場，只是百無聊賴生活中的例行公事。

在蘇巴朗的筆下，將分崩離析的道德，化為絕望的哭號。砧板上待宰的羔羊，是面對迫害刀俎，我為魚肉的無能與無奈。

對於生長在貧困年代的老人家來說，兔子本來就是食物，養了四、五年才宰來吃，原本就是不合理的事情。這個年齡的兔子已經太老，早已錯過了最美味的時候。但這是我長大了之後才能明白的事，八歲的我，只知道父母親在姑婆宰殺兔子時，沒有幫我說話，沒有向姑婆說明：「這是哲青養的兔子。」

小白，是我童年唯一的朋友，最親近的家人。面對他的死亡與長輩的沉默，讓我對「家」失去了信任。我和家人關係一向疏遠，我們還沒有建立起厚實堅強的情感聯結。我只知道，身為沒有能力捍衛自己主張的孩子，在我最無助的時候，所有人都選擇沉默。這種事不關己的冷漠，深深地在我心中，留下一道長長的陰影。

後來，在成長的過程，我不斷出走，逃離那個我無法信任、無法依賴的家。一個人踽踽而行，我又將自己鎖回高築的城壘之後，活在只有自己的世界。

在這段走向天涯盡頭的旅程中，我與歷史不期而遇，與一件又一件的藝術作品邂逅。在感受理解的過程中，我也走上漫長的療癒之路。藉由這些經典所傳達的情思，我逐漸了解，過去曾遭遇的傷害、憤怒、不滿，那些我年少時無法排解的情緒，究竟是怎麼隨著時間推移，緊緊地縛在傷口上，勒成心頭鬆不開的結。

人是軟弱的。面對權威，以絕對的威嚴發號施令、宰制他人時，大部分的人會選擇作壁上觀，這是人情之常。但是，這樣的人情之常，往往導致群體一起陷入毀滅性的共謀中，蘇巴朗筆下的羔羊，就是這種共謀下的犧牲者。

有人關心羔羊的無助與痛苦嗎？

沒有。

但蘇巴朗看見了，透過他的畫筆，安靜卻又驚心動魄地呈現在世人眼前。

羔羊不只是形象上的羔羊，牠象徵著集體共謀之下的犧牲者。目擊這場迫害而沉默的人，實際上也是被迫害的受難者，因爲，他們沒有能力阻止同樣的事情持續發生，被犧牲的對象，同時也包括了自己。

望著這幅畫，我明白了父母當時不出聲的理由，以及無法出聲的悲哀。

我想起了但丁。

「地獄最黑暗的所在，保留給那些在道德存亡之際，袖手旁觀的人……」

蘇巴朗〈聖塞拉比奧〉（*Saint Serapion*）

義大利・佛羅倫斯

新聖母福音教堂藥局──用嗅覺療癒生命

氣味，是種神秘的感受，無所不能的魔法師。

一陣突如其來的香氣，召喚遙遠塵封的歲月，帶我們回到童年全家除夕圍爐的溫馨片斷；略帶鹹味與濕氣的海風，是那一年夏季海邊的美好時光；某種草本浸潤的微妙空氣，勾起我們與初戀情人共度的心動時刻……鼻尖的五味雜陳，串起了無限情感回憶。

剛收割完的田陌，空氣中瀰漫著稻穗、青草、泥土的氣味，以及從人身上傳來的微微汗水味。這些都可以清晰地讓我想起了童年，坐東部縱谷的火車上，與祖父共享的點點滴滴。

我們閉上眼睛，視覺的世界就消失在黑暗之中；我們摀住耳朵，就跌入無聲的深淵。假使我們捂住口鼻，剝奪呼吸，停止嗅聞，生命在幾分鐘內就會離開我們的身體。從語源學解讀，呼吸（Breathing）原本指的是料理的炊煙，烹煮的空氣，古希臘人相信人體內有燃燒的小火爐，在呼吸時，「世界穿過了我們的身體，輕輕地醞釀，然後再緩緩釋出，世界因此認識了我們，我們也成爲世界的一部分……」嗅覺，成爲我們記錄生命的方式。

氣味之所以神奇，在於我們很難向未曾嗅過某種氣味的人明確描述：新刊書籍的油墨、喧鬧的印度傳統市集、沙漠中仙人掌花綻放的迷人芬芳、結實纍纍的漿果樹叢……我們要怎麼向陌生人敘述其中的奧秘呢？

文藝復興時期的法國文學家蒙田曾說：「嗅覺是沉默的知覺、無言的官能。我們缺乏詞彙形容，只能瞠目結舌，在歡樂與狂喜難以言喻的汪洋中，摸索著辭彙。」它看不見、摸不著，難以形容，卻總散發著一種無可抵禦的能量。這股能量，總會在我們不經意的時候，輕撫我們的靈魂，將我們的記憶帶往奇異的國度，發現生命與死亡、神聖與墮落、壓抑與欲望的秘密。

在義大利托斯卡尼，隱藏著一座香氛的伊甸園，感官的聖殿。妳或許會好奇？使用香氛最出色的不是法國人嗎？義大利的香氛有什麼特別之處，值得千里跋涉？

最初，我是去拜訪藝術大師，就在佛羅倫斯的新聖母福音教堂（Basilica di Santa Maria Novella）。

新聖母福音教堂是佛羅倫斯建築與藝術的代表作之一，建築師阿伯提（Leon Battista Alberti）是一位學識廣博的建築學者，他不滿當時歐洲將古羅馬時代維特魯

威的《建築十書》奉爲圭臬，重新寫作了另一本《建築十書》，這是歷史上第一本系統性的建築學專著，也是現代歐洲建築研究的濫觴。新聖母福音教堂是阿伯提少數的建築作品，徹底實踐了他的建築理念。新聖母福音大教堂所展示、收藏的大師名作極爲精采，文藝復興之前的透視法大師米切羅就曾在此繪製〈創世紀〉，可惜在一場大淹水中毀損；達文西的〈安吉里之役〉的濕壁畫草圖也曾在此施作，這裡可說是義大利文藝復興的麥加。今天造訪新聖母福音大教堂，不但可以看到喬托、布馬奇耶、波提切利等大師名作，也可以看到但丁《神曲》中地獄的恐怖演繹……這是一座文藝復興的繆思聖殿。

大師名作自然令人興奮、目眩神馳。但眞正讓我驚喜的，是附屬於新聖母福音教堂的修道院藥局。

每個旅行者，來到佛羅倫斯，一定不能錯過這座擁有四百年歷史，歐洲最古老的「藥妝店」。沒錯，聖母福音教堂藥局，正是一間貨眞價實的藥妝店！

新聖母福音教堂向來以它的精油、香氛產品聞名於世，在全世界的精品百貨也有專櫃，它總是旅行團血拚的時尚殿堂，擠滿了貴婦名媛瘋狂採買。

談到這裡，就一定得提到法王亨利二世的妻子，凱瑟琳皇后。凱瑟琳皇后出身佛羅倫斯的麥迪奇家族，一五三三年遠嫁法國時，特別委託修道院爲凱瑟琳調製了一款女香作爲嫁妝，這款經典女香的名字就叫做「Santa Maria Novella」。當時佛羅倫斯是西方的時尚領袖，無論是文明的發展高度、藝術水準，還是雄厚的財富，都傲視歐陸。這位出身義大利的皇后，不但將施香的技術與風潮帶去了法國，她對建築、藝術、生活的獨到品味，改變了羅浮宮，改變了法國人的餐桌禮儀和菜式。

凱薩琳皇后

除卻世俗商業化的部分，我想跟妳分享的，是它作爲醫療中心的動人往事。古代沒有醫院，醫療知識也很缺乏，不過從古埃及傳承下來的古老智慧，人們相信香草和氣味可以治病、消毒。作爲生活重心的教會，不但要擔任知識的傳遞者與保護者，遍植香草的修道院，自然而然，也成爲貧苦人民的醫療救護中心。

十三世紀初，來自西班牙道明會的神父，帶領著一群學識豐富的修道士，來到佛羅倫斯，在新聖母福音大教堂的修道院庭園，開始種植可以入藥的草本植物，以獨特的方式萃取、提煉、合成，製作成各式各樣的油膏、乳霜及香氛用品，提供給教廷與貴族用來洗淨身體及焚香祭祀。不過，最主要的功能，是讓修道院周圍的醫療院所有藥品使用。

一六一二年，佛羅倫斯的托斯卡尼大公爵斐迪南二世，將麥第奇家族的徽章授權給當時教堂主持人安吉羅神父作爲專屬商標，象徵新聖母福音教堂藥局，成爲當代皇室認定的榮譽製造廠。同年，新聖母福音教堂藥局有了正式的商業交易紀錄。從此，新聖母福音教堂藥局的產品也從教廷、皇宮貴族御用走向民間，正式對外營業，成爲義大利最古老的商號之一。

從火車站出來，面對新聖母福音大教堂正面廣場，左側就是長長的聖街（Via della Scala）。往聖街前行，約莫五分鐘的步程，就可以抵達修道院藥局。千萬別被藥局樸素的門面所誤導，進入大門後，才是驚奇旅程的開始。

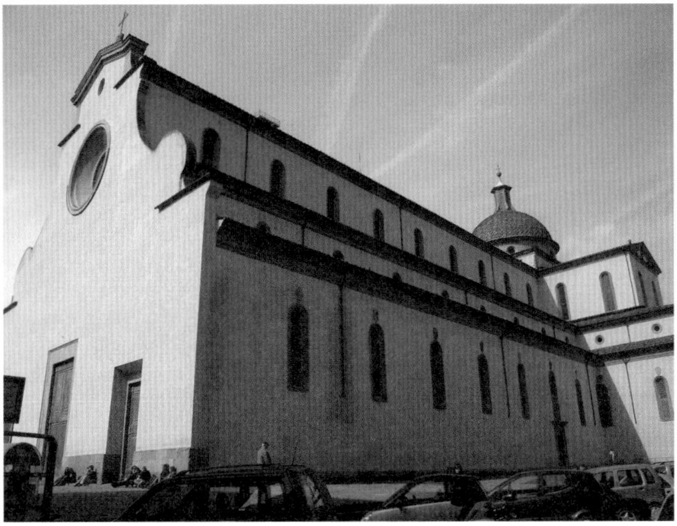

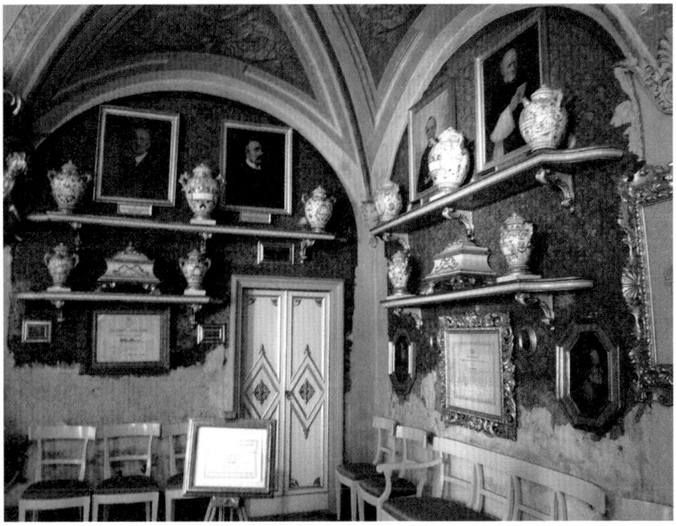

千萬別被樸素的門面所誤導,進入大門後,才是驚奇旅程的開始。

從正門進入，首先進入視線的，是文藝復興風格長廊，黑白相間，以幾何圖形鑲嵌的大理石地板、哥德式肋拱穹頂，隱隱透露出身爲中世紀修道院的前世今生，空間配置，讓訪客感到十分安心。在入口右側，有一間精緻玲瓏的小偏廳，讓當年前來求醫的人們在此等候。小偏廳中，環繞四周的濕壁畫，是十四世紀不知名畫家的傑作，以耶穌復活爲主題，爲與病痛搏鬥的人帶來強烈的精神支撐。

在《聖經．詩篇》中，有這麼一段文字：「耶和華是我牧者，我必不至缺乏，祂使我躺臥在青草地上，領我在可安歇的水邊。」對旅行者來說，一處可以安歇的地方，喝著乾淨的水，就是身心靈最大的救贖。在這座古老的修道院藥局裡，妳會發現，我們的五官六感，都能浸洗在全方位的療癒能量之中。香氛，不再只是芙蓉帳暖度春宵後的奢侈，更是尋常百姓人家溫柔信靠。

我相信新聖母福音教堂肅穆靜謐的氛圍，一定能讓那些身心困頓、飽受貧病折磨的靈魂，感受來自造物的寬慰。

法國・巴黎

聖禮拜堂的天堂之門——透過光，我們與永恆對話

這幾天，淒清的雨下個不停，就是那種好像會一直下到世界末日的雨。終於，雨停了，午後的天空出現一道迷濛的彩虹，就掛在河堤的後方。記得妳曾經說過，好想走到那彩虹的盡頭，不知道，站在那兒會是怎樣的感覺呢？

老師開給我的作業裡，有一題「想像自己佇立在光之中」，於是，我發現了聖禮拜堂。在這裡，我找到彩虹的盡頭，天堂之門的所在，一座「光」所構成的聖殿。

從聖米歐爾廣場一路走來，到了塞納河畔，向對岸遠眺，可以看見一支黑色的尖塔，突出地穿出天際線。那是聖禮拜堂（La Sainte-Chapelle），就位於西堤島的中心。西堤島是巴黎的起點，很多人會來這裡看巴黎聖母院，因為它座落於交通要道上；而聖禮拜堂則隱蔽在警察總署的圍牆內，不太容易被觀光客注意，也就因此被忽略了。

聖禮拜堂的由來也是一段傳奇。時間回到七百多年前的歐洲，正處於水深火熱

的黑暗時代，法蘭西則是當時歐洲最文明、最強大的封建王國。卡佩王朝的國王路易九世，是一位對基督信仰懷抱著無比狂熱的國王，對外，他組織了兩次十字軍東征；對內，則在國內積極地資助建設修道院。路易九世眞心相信，只有完全無私的虔誠奉獻，才是進入天國的唯一道路。

隱蔽在圍牆內的聖禮拜堂

在一二三九年至一二四一年之間，路易九世向君士坦丁堡拉丁帝國的皇帝鮑德溫二世，買下耶穌受難時所戴的棘冠（有可能只是微不足道的碎片！）。路易九世爲了這頂破損不堪的棘冠，總共花了十三萬五千里弗，當時卡佩王朝的法蘭西，一年的稅捐也才不過十二萬里弗，妳可以想像一個國王爲了自己的信仰（更有史學家說是爲了國王個人的興趣），花掉國庫一年的稅收嗎？總之，耗費鉅資購得聖物的國王欣喜若狂，路易九世爲了供奉這頂得來不易的荊棘聖

肋拱

冠，又斥資六萬里弗（差不多又花掉了全國一半的財產！）興建了一座舉世無匹、美輪美奐的聖堂，這也就是聖禮拜堂的由來。

通過警局重重的安全檢查，在瑣碎的前置作業之後，我終於走進這座哥德美學的聖殿。它的規模不大，如果只看外牆，甚至會讓人誤以爲這只是一間樸素古拙的中世紀禮拜堂。走進地面層，妳就會被它華麗而繁複的內裝所震撼，從地面向天花板延伸的雙曲線，畫出一個又一個完美的弧，優雅的肋拱形塑出莊嚴的穹頂，在在都告訴我們這裡是國際哥德風格的信仰聖殿。

不過，比起樓上的景象，地面層所看見的一切都不算什麼了。當登上二樓的那一刻，所有的人，都會被突如其來的「神聖之美」（Beauté Sacrée）所震懾！

從四面八方進來的光，在空間裡交會，織成超現實的帷幕，舉目所及，都顯得那麼地魔幻、不眞實。從祭壇後方灑下來的光，像是一記迎面而來的重擊，結結實實地在我們的心頭留下鮮明的印記。

沐浴在光之中，被光包圍，外面的紛紛擾擾，都在那個瞬間消失了。我體會到了「永恆」。千千萬萬片彩繪玻璃將光線濾成彩虹，在驚詫稍稍冷靜之後，妳會發現一件事：

牆不見了！

彩繪玻璃

上層禮拜堂的建築結構，和地面層一樣，由哥德式的拱頂所構成，不過更高、更深、也更遠了。哥德的肋拱，象徵著信徒緊握著雙手祈禱，又像是舉起雙臂向造物主呼喊。它輕盈地卸去了高度帶給建築物的壓力，撐起了信仰者的天空，同時減少了牆面負重的比例，在這裡，玻璃牆取代了實牆。這可不是比較大片的玻璃窗而已哦！我說的是，一堵又一堵絢麗動人的彩繪玻璃牆，從八方環抱著我們，站在聖禮拜堂，就像是站在童話故事裡彩虹盡頭，好像在這裡許下任何願望，都有實現的可能。不管我們相不相信上帝，禮拜堂內確實充盈著一種偉大的神聖能量，在人群之間流轉。

聖禮拜堂擁有藝術史上最大規模、最震撼人心，也是最具戲劇性的彩繪玻璃牆。數以萬計的彩繪玻璃，透過光線，向前來拜訪的旅人，訴說一個又一個故事傳說，有些故事至今仍耳熟能詳，有些則早已被人遺忘。無論是王孫貴族還是販夫走卒，一個個都躍然於牆上，歷經將近千年的時光，讓一代代的人前來拜訪、緬懷。聖禮拜堂不僅是偉大的中世紀藝術經典，也是法蘭西浮光掠影的生活剪輯，既寫實也寫意。對我來說，透過光，聖禮拜堂的彩繪玻璃，讓我感覺是如此地貼近生命，下一秒鐘，永恆似乎又變得遙不可及。這片迷離的光幕，是黑暗時代靈光閃動的藝術巧思，也是傳說與現實交會的太虛幻境。

前方的主祭壇，以前曾經是舉行皇室婚禮與加冕大典的所在。來到這裡，請閉

主祭壇

上眼睛，想像一對新人在華美的拱頂下唸出誓詞、結爲連理的畫面：「上帝所結合的，唯有死亡才能分開彼此」，沒有什麼比這一刻更能喚起人對愛的堅定感受。米開朗基羅曾說，拱頂是兩股強大的力量在最脆弱的地方交會，以形成更強大的整體。這個隱喻，用在婚姻上似乎也很恰當。

用心去看，妳就會發現，聖禮拜堂彩繪玻璃，最主要的色彩，是以藍色、紅色與金色爲主。

藍色，是來自於興都庫什山脈的天青石，象徵著生而爲人，對永恆無限的想像與追求；代表愛的紅色，採自普羅旺斯魯西雍小鎮的堅實大地之下，爲了榮耀上帝，魯西雍的山悄悄地削瘦下來；最後是輝煌耀眼的金色，是來自於中亞及撒哈拉南方的黃金，它是太陽的眼淚，星星的碎片，是宇宙深處凝固的光，天上人間最尊貴的潤澤，是我們都看得見的恩典。即使是最堅定的無神論者、不可知論者，也一定會被這美妙卻也驚心的色彩所懾服。

這座沒有留下任何設計稿圖，也不知道是哪位建築師完成的聖禮拜堂，是中世紀漫漫長夜裡的一顆晨星。中世紀的城市生活是令人窒息的，衛生系統尚未建立，城市裡瀰漫著又髒又臭的穢物，只有教會裡是潔淨無污。但大部分的教堂與修道院都很陰暗，牆壁厚重，窗戶狹小，於是人們開始發展出哥德式建築，利用肋拱與飛扶壁，減少牆面所需要的支撐力，實現了「光」與「空間」的可能性。那是人類對光的追求，而彩繪玻璃窗，則是爲了歌頌造物主，對光線進行解構與再創造。來自各地的旅行者與修道士，將這裡稱爲「天堂之門」，絕非溢美之詞，傳說，人死後會看見一道神異性的光，而靈魂就在這道光的包覆下，被接引到神的面前。

我想，聖禮拜堂的設計，就是藝術家對這個時刻的詮釋吧！

每次來到這裡，站在絢麗斑斕的光影之中，我都會站上好一段時間，久久不捨離去。即使戶外日正當中，透過聖禮拜堂的彩繪玻璃，猛烈的陽光也被轉化成神秘的、如暮色般的柔軟絢麗，全世界就這樣陷入白日夢式的暮光之中。藝術家透過光和色彩，與永恆對話；我們也透過這樣的光，與永恆相會。

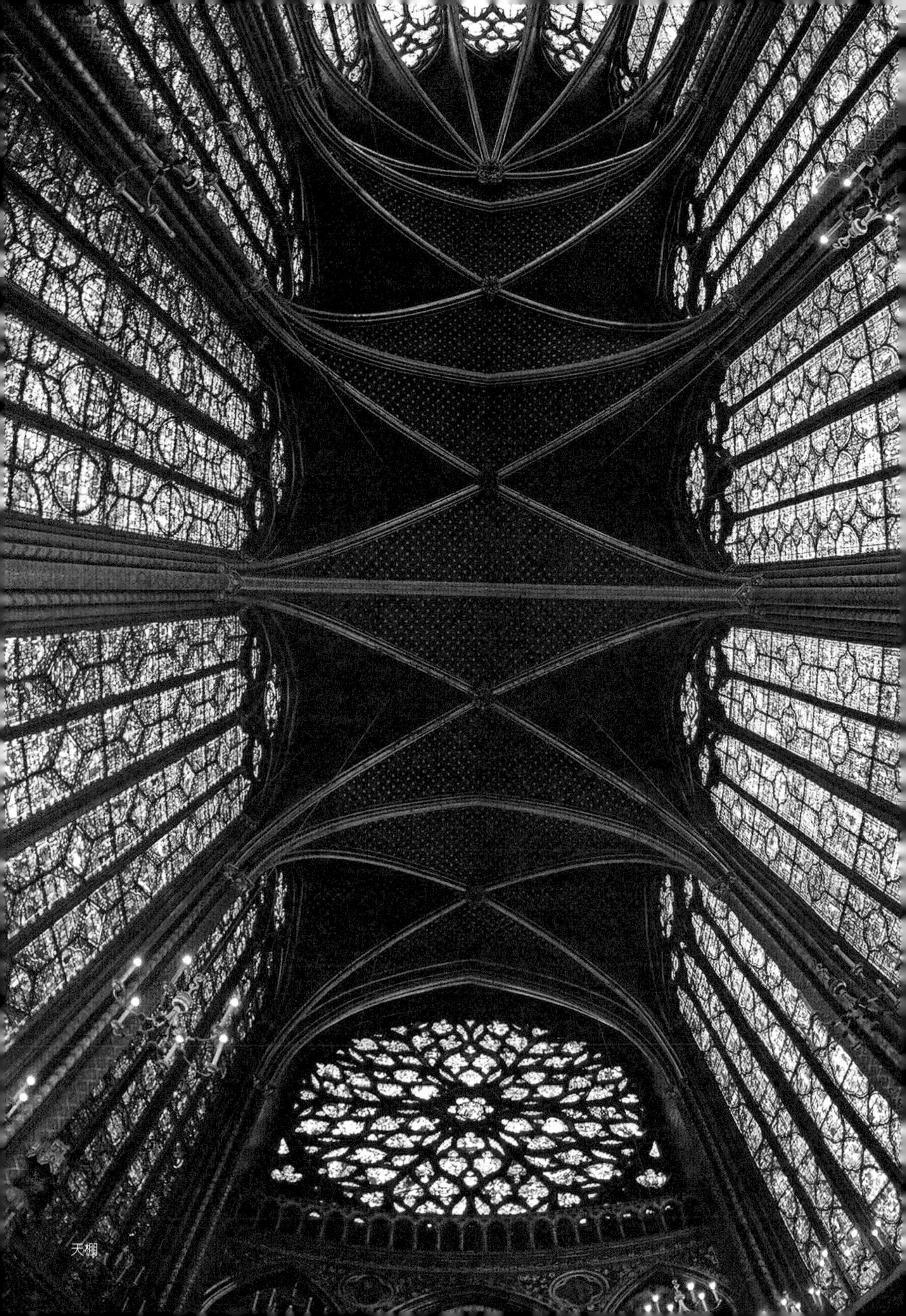
天棚

法國・香提伊

香提伊堡的豪華日禱書——閱讀一種純真的嚮往

「即使　關在胡桃殼裡，
我也會把自己　當作擁有無限的帝王。」

——莎士比亞《哈姆雷特》・第二幕第二場

來到巴黎，除了市中心必遊的名勝和博物館之外，到城郊走走，有時候也會有意想不到的收穫。巴黎市區北方，約一小時車程的香提伊（Chantilly），就是這樣的地方。

寧靜優雅的小城香提伊，在法王路易十四時被打造成經典的巴洛克形式。我們今日所見的格局：賽馬道、大馬廄、環城運河，以及典雅的街道牌樓，都發散著優雅的貴族氣息，每個人都可以悠閒地在這裡度過美好的一天。

小城的中心，就是被稱爲「奶油城堡」的香提伊城堡（Château de Chantilly），這個典故可是大有來頭的哦！兩百多年前，法國歷史上的傳奇主廚弗朗索瓦・瓦德

香提伊堡

勒（François Vatel），傳說就是在香提伊城堡內，準備兩千人的宴會時，因爲食材出了紕漏，陰錯陽差地發明了帶有香草芬芳的生奶油（Crème Chantilly）。

不過，我想跟妳分享的，不是奶油的故事，而是本獨一無二的書。

對於書，我有種近乎著魔的癡迷。我總是千方百計地把想看的、想買的，或者是只想擁有的書，統統蒐集過來。聽家裡的長輩說，當我學會認字時，就開始貪婪地閱讀，什麼都讀：父親彈吉他的歌本、母親抄在茶几上的便條紙、掛在牆上的日曆、被人丟在巴士座位上的垃圾信件、貼在電線桿上的分類廣告、學校裡藏書貧瘠的圖書室……只要有文字，我就想知道，上面寫了些什麼。

印象中，我擁有的第一本書，是在夜市二手書攤上買的兒童版《天方夜譚》。這本小書開啓了我對廣大世界的想像與追尋，也開始了我對書本的執迷。從這本書開始，我也慢慢地建立起，專屬於自己的圖書館（雖然只是零零落落幾本書）。

小時候，我最喜歡做的事，就是把書堆得高高，坐在重重包圍的書牆之中，想像自己就是坐擁知識之城的國王。書，對我來說，是某種人生的保障，是未來追尋「不朽」的小小預兆。

又過了幾年，開始出走漫遊以後，家裡的藏書以等比級數不斷增加，世界各地的古老書店，都是我苦苦追尋，流著蜜與奶的應許之地。有誰可以預料，爬上脆弱搖晃的小樓梯、撢開厚重的灰塵之後，在眼前展現的，會是怎樣古老的驚奇呢？

這些美麗的古籍，價格往往令人意外地實惠。只要用一、兩頓與朋友外出晚餐的花費，妳就可以擁有一本十七世紀的版畫圖書；用一雙高跟鞋的價格，就可以享受書架上藏有精緻對開本的喜悅。

縱使泛黃、縱使斑駁、縱使有小小的缺角，撫過這些陳舊的痕跡，正可以用五感來體會，時間流逝後的滄桑與美好。

沒錯，我就是個愛書成癡的書呆子！不僅僅只是因爲閱讀所帶來的美好，更因爲書籍本身。歷經了歲月流轉，人情世故的推移，這些古老的書籍，像是時間與記憶的化石一樣，歷經流離的喪亂，為我們的世界保留珍貴的記憶。

拜訪香提伊城堡，千萬不能錯過的，就是收藏在城堡附屬的孔德博物館中，這組被稱為「世界上最美麗的彩繪泥金手抄本」——《貝利公爵豪華日禱書》（*Très Riches Heures du Duc de Berry*）。在混沌的中世紀，人們對美好生活的嚮往想像，對現實世界的透徹了然，都在這組美麗的手抄本中表露無遺。

遠在香提伊被打造成美麗的巴洛克小城之前，十四世紀的西方世界，充滿了苦難、災變與死亡。黑死病大流行（西元一三四六年到五〇年代），奪去了歐洲三分之一的人口，根據部分史料的統計，大概有七千五百萬人死於這場可怕的瘟疫，即使用「戶盡丁絕，十室九空」也無法形容觸目所及的殘破衰敗。民生凋敝，小冰河期的氣候變化，更是雪上加霜，由教會所領導的世界受到空前的打擊。這個薄弱的社會結構隨著天災人禍慢慢地崩壞、瓦解，這個時代

《日禱書》裡的黃道十二宮

的蛋彩、濕壁畫、雕塑，也都瀰漫著末世頹靡不安的氣息。

在這樣艱困的社會環境中，卻誕生了這組細膩、偉大的手抄本。《豪華日禱書》是中世紀的瑰寶，它的出現，就像是漫漫長夜後的黎明初升，或者像是大雨過後，雲破天青的豁然開朗。來自尼德蘭地區的宮廷畫家林堡兄弟（Limbourg brothers），爲當時西歐最具政治與經濟實力的貴族——讓・貝利公爵（Jean, Duc de Berry），製作這系列精美絕倫的《時令之書》（*Book of Hours*）——一本按照日曆來安排的祈禱書。

《日禱書》一月

妳可以這樣想像，它就是一本農民曆，將每天要唸的經文依照日期順序謄寫，就像農民曆上寫著每天適合做哪些事。每一天的經文都會搭配插圖，配合不同的時令而變化。林堡兄弟將許多元素融爲一體，讓《日禱書》成爲人類在大自然生活的鳥瞰縮影。以書中代表二月的「月令圖」來說，就是以一種可愛而抒情的敘事風格，來描繪陰沉的冬季農村生活。畫面中，沉重的天空壓在皚皚的大地之上，羊群悻悻然擠在鋪滿乾草的柵欄中，飢餓的鳥群正在啄食灑落一地的穀粒。從右方走過來的少女正用熱氣哈著凍僵的手，在左方的茅舍中有三個人向著微弱的火爐取暖。圖後方還有二個人，一位正在砍樹，大概是要劈成柴當作爲燃料；另外一位則趕一頭驢，踽踽地向地平線盡頭隱沒。這也是西方藝術史上的第一幅雪景，生動地刻畫出社會底層生活的眞實樣貌。

《日禱書》是生活用品，它是人們每天都要用的東西。很多人可能會覺得，每天要使用的物件，因爲消耗很快、折損率高，只要便宜堪用的就好，就像夜市裡賣的那些日用雜貨。但貝利公爵不這麼想，他認爲每天要用的東西，一定要用品質最好的，因此請來最優秀的藝術家，爲他製作這部《日禱書》。

十四世紀的歐洲，尚未迎來文藝復興，人們每天睜開眼，看見的世界是十分醜陋、骯髒的，除了衛生條件不佳，瘟疫造成的屍橫遍野，更讓空氣中瀰漫著腐敗、恐怖的腥臭。然而，《日禱書》中明亮、悠然的牧歌情調，將日常的田園生活勾勒成了明媚風光。林堡兄弟將枯燥的生活場景轉變成了神恩，使讀者在翻閱時，可以感受

《日禱書》三月

到上帝的救贖。

這本為上流階層精心裝幀、繁複而昂貴的祈禱書，對我來說，像是一幅幅寫實又寫意的生活拼貼，一部又一部無聲的彩色紀錄片。藝術家們極盡巧思，悉心又大膽地描繪哥德字體與渦漩鑲框，將看似亂無章法的圖案，化為繚亂的花團錦簇，失序而美麗。林堡兄弟的《豪華日禱書》，讓我感受到充滿律動與歡愉的視覺能量。

不過，讓我感受最強烈的，是中世紀人們對原色的情有獨鍾。所有的色彩，都像新生兒一樣的令人歡愉：無論是象徵天國榮耀的金、世俗墮落的酒紅、像大海一樣深邃的藍，以及充滿活潑生命力的綠……每個顏色，都像是順手摘下，留置在書頁裡的陽光：純粹、鮮艷、澄澈、明亮，讓我們翻開書頁，就能夠感受到色彩原始而真切的視覺衝擊。

我喜歡《豪華日禱書》的原因，其實很簡單：因為它很漂亮，漂亮得讓我很想要擁有、收藏。書頁中透露著如童話故事般的夢幻氛圍，洋溢著田園詩般的甜美幸福，是當時人們暫時遠離現世的出口，一種藉由閱讀而獲得安全感的小確幸。雖然我們知道，中世紀歐洲的現實生活，是艱辛而危險的，但是在這本祈禱書中，我們看到了人們雖然身處逆境，仍然對未來懷抱著一份純真的嚮往。

我想，這就是藝術家想要告訴我們的：即使在困境中，不要忘記，懷抱夢想。

《日禱書》二月

義大利・拿坡里

聖索維諾禮拜堂——用回憶打造的宮殿

拿坡里，是一座危險的城市，卻也充滿了生機與活力。我喜歡拿坡里，雖然這裡的市容比較凌亂，居民的生活品質也不太好，但大街洋溢著蓬勃的朝氣，傳統市場裡各種新鮮食材一應俱全，友善豪邁的那不勒斯人，總是扯著高八度的聲調，盤踞在街角，天南地北的嗑牙閒聊。隨處可見的小餐館，準備了各式各樣豐盛美味的家常料理，不但滿足了饕客的胃，也溫暖了每個異鄉遊子的心。

走在拿坡里的街道，總讓我感受進入異世界般的莫名興奮，卻又像是回到了南台灣，那樣的親切可愛。

拿坡里，義大利文叫做「Napoli」，英語世界的人稱它為「Naples」，所以又被稱為「那不勒斯」。它是義大利南部的第一大城，我們所熟知的「拿坡里披薩」，是十九世紀才出現的特色小吃。喧譁鬧騰的市井是拿坡里給人最強烈的印象，它孕育了豐富的美食，也滋養了殘忍霸道的黑幫文化。但這座城市讓我最震撼的，是隱身於熱鬧大街旁的一座小型家族禮拜堂，由桑格羅家族的雷蒙王子建立的聖索維諾禮拜堂（Cappella Sansevero）。

從大街轉進禮拜堂，就像是從勃發的生命突然墜入冰冷的死亡。

關於雷蒙王子的種種，十八世紀時的拿坡里，曾在街頭巷尾流傳著這樣的都市傳說：

有一位沉默的貴族王子，每天都能拿出從來沒人看過的怪東西：穿在身上，雨下得再大也不怕淋濕的衣服、一次就能射出許多顆子彈的手槍、用腳踩就會跑的二輪車、永遠不會熄滅的火把、可以循環使用的人造血液，還有水陸兩用的馬車……

這位神秘的貴族王子，總是靜靜地在街角出現，然後又悄悄地消失在人群之中，有人宣稱，曾看到「他」三更半夜把屍體偷偷背回家，在屋內把屍體切成一塊一塊，然後把器官內臟一個個拿出來研究；也有人說，他可以把不值錢的鉛塊變成黃金，更有人說，這位寡言的煉金術師，早就把靈魂賣給魔鬼了。

種種蜚短流長甚囂塵上，這位王子究竟何許人也？沒有人敢過問。當他如同鬼魅般在大街上閃現之時，我猜，喧鬧的人們肯定會在瞥見他的瞬間突然

雷蒙王子（Raimondo di Sangro）

安靜下來，等他走遠，便立刻交頭接耳，真真假假地交換著關於他的各種八卦。

他可能不太善於與人相處吧！當時的拿坡里人並不了解，這位貴族王子內心的孤獨與悲傷，實在太過沉重，使他無法自然地接納他人，進入他滿是哀慟的精神世界。

這位集發明家、解剖學家、建築師、軍事家、藝術家、詩人於一身的文藝復興全人，他的前衛思維與封建守舊的那不勒斯格格不入。如果用旅行者來描述，他就像是被困在沙漠的綠洲中，除了身邊的一汪水池，舉目所見盡是荒蕪。佛羅倫斯、波隆那、巴黎……這些人文薈萃的大城，都是遙遠的、美好的傳奇，而他，終其一生都沒能離開這片沙漠。在這裡，沒有人和他聊過天，似乎也沒有人了解他。雷蒙王子的生活，成為陽光底下的謎題，每個人都看見了，卻無人知曉他的特殊與偉大。

跟著他三百年前的身影，我也這麼靜靜地穿過大街，轉進禮拜堂，眼前所見，盡是極其恐怖的場景。說它「恐怖」，並不是什麼血腥陰森的地獄圖，而是一個才華洋溢的青年，將自己長達三十五年的餘生，全部寄託在對家人的依戀、追思與懊悔之中。

十八世紀中葉的歐洲，在連年兵禍與瘟疫中苟延殘喘，一般人能活到青年就已經是上帝的恩賜了。某一天，一場可怕的瘟疫襲擊拿坡里，在短短的幾週內，帶走了許多人寶貴的生命。雷蒙王子的親人，大多無法在這次的浩劫中倖存，才幾個月

街角轉進的禮拜堂門口。

的時間，整個家族就凋零到只剩下雷蒙一個人。

雷蒙原本就孤獨，這場致命的打擊，更將他推向絕望的深淵。至親好友一個接一個地死亡，是殘酷無情的精神凌遲。尤其是愛妻與孩子的去世，對於至性至情的雷蒙更是折磨。此時的雷蒙，也只能把自己託付給全能的上帝：「主的行事是神秘難測的，我們只能接受，不能質疑。」於是，傷心欲絕的雷蒙王子，將所有的財產都奉獻給教會，就在苦寂的住家附近，重新打造一座屬於回憶與情愛的聖殿。唯有這裡，也只有在這裡，雷蒙才能完完全全地沉浸在往日的美好之中，在靜穆裡追憶似水年華。

我想帶妳去看的，是那份把哀慟

〈幻滅〉
(*Disillusionment*)

化爲永恆的片刻。

「永恆」是一種承諾。對文藝復興時期的人們來說，「永恆」已不再是上帝與教會的專利品，任何人都可以透過自我的意志去追尋、去觸摸。對我而言，聖索維諾禮拜堂，就是一座將思念化爲永恆的殿堂。

聖索維諾禮拜堂是一座不折不扣的宗教建築。禮拜堂的中廊十分明亮，四周繪滿了莊重典雅的紋飾，淡雅的彩繪與石膏雕塑布滿了上下四方。在這裡，有三座雕像支撐起了雷蒙王子的內心世界：一座是母親，一座是父親，還有一座，是躺臥在空間中央的耶穌聖像。

　　這三座大理石雕像，展現了巴洛克藝術最驚人的拋光工藝。但工藝技術其實不是重點，技術只是精神力量的載體，雷蒙王子對母親的依戀，對父親的仇恨與諒解，以及耶穌瀕死時的痛苦，透過了藝術家不凡的技藝，活生生地展現在世人眼前。

　　這是由雷蒙親筆繪製設計圖，與藝術家合力完成的不朽之作。妳一定要親自來到現場，才能眞切地感受到那樣的疼痛，感受到雷蒙王子將自己關在這裡，日復一日的追思與悼念。

〈謙虛〉
（*Modesty*）

　　面對著中央祭壇，在妳的左手邊，是雷蒙的母親——西西莉亞。西西莉亞在雷蒙小時候就去世了，終其一生，雷蒙都在追尋母親遙不可及的身影。這尊以〈謙虛〉爲名的雕像，從頭披罩著薄而柔軟的裹屍布，下襬由大理石花環所纏繞，手上則拿著裂開、破碎的石碑，上面一個字也沒有，象徵著言語無法承載的哀慟。母親的早逝，在雷蒙心中留下了一份永遠無法塡補的空虛。

在妳的右手邊，是雷蒙的父親——安東尼奧。自從西西莉亞過世之後，安東尼奧就過著放浪形骸的墮落生活。雷蒙看著父親沉溺於酒色財氣的荒誕，卻無能爲力。不同於母親貞潔的形象，這尊被稱作〈幻滅〉的男性雕像，被卡拉拉大理石層層鏤空、精雕細琢而成的漁網，緊緊綑綁、包縛，象徵父親安東尼奧難以掙脫欲望束縛的罪愆，就像是誤入漁網的魚，結果也只是令人扼腕的徒勞。不

過，就在雕像基座，雷蒙設計了另一組浮雕，故事是耶穌讓盲人重見天日的神蹟；而在雕像的上方，天使正在協助安東尼奧掙脫網子的束縛。對雷蒙來說，理性（天使）與愛（耶穌），是生命唯一的救贖，即使到了另一個世界，雷蒙也爲他的父親祈禱，希望父親能蒙獲造物主的恩澤，脫離煉獄永恆的折磨。這是一尊象徵著耽溺與解脫、邪惡與悔悟的複雜作品。

最令我佇足流連的，是位於禮拜堂正中央的耶穌雕像。剛剛死去的耶穌，被薄薄的裹屍布披覆，躺在石台上。我們依稀可見，耶穌在歷經了慘無人道的折磨後，終於從極度的苦痛中解放，最後斷氣時平靜的容

顏。從雕像的右邊以順時鐘方向，緩緩繞著雕像行走，妳會發現令人驚奇的轉變：我們彷彿一同見證了耶穌生命歷程的最後一刻。

我們可以感受到，耶穌在臨終之際，額頭上的血管仍然微微跳動著；面紗緊貼著耶穌的鼻孔，那是祂用盡全身力量吸入的最後一口氣；最後，緊繃的肌肉慢慢放鬆，從痛苦的扭曲到平靜的釋放，終於，這一切都完成了（"It is finished!"《聖經．約翰福音 19:30》）。

雷蒙王子將這撼動人心的一刻，讓藝術家化成了永恆。接下來的歲月，他日復一日，徘徊在這尊耶穌像前，一遍又一遍，咀嚼著死亡的蒼涼與淒苦，審判自己的懦弱。

他的憾恨，究竟是什麼？

我想，是未能在家人生前，好好與家人相處。和家人相處其實是很難的，我們對家族總是充滿了各種不諒解，這個心結往往成了死前的遺憾。王子對父親的怨恨，未能在生前和解；對親人的依戀，未能趁他們仍在世時好好表達。他是個天才，總是忙著發明，忙著研究，忙著關注自己覺得有趣的事物，然而災厄來得又急又快，他來不及，一切都來不及。

人，真的不能後悔。雷蒙用盡一生，將自己浸泡在後悔之中，浸泡在無止盡的黑暗裡。他完美地示範了一座用回憶打造的宮殿，也許每個人都需要一座自己的宮殿，但在雷蒙王子的宮殿中，滿是懊悔。這是一個提醒，或許，雷蒙想告訴我們的是：

眞正的救贖，不是來自於虛無飄渺的神恩，而是不離不棄的溫暖親情。

家，才是每個人最終的歸宿。

法國・巴黎

蒙帕納斯墓園——對生命的迷戀

如果不是生在巴黎，至少要死在巴黎；
如果不是死在巴黎，最好也能葬在巴黎。

——繆詠華《長眠在巴黎》

妳是否曾想像過，自己將以什麼樣的方式，留給世界懷念？

巴黎，塞納河畔，有個地方很特別，叫做蒙帕納斯（Montparnasse）。它的名字源自古希臘神話裡，靈感與藝術的繆斯女神們所居住的聖地——巴納斯山（Mount Parnassus），它後來的際遇也一直與藝術、天才、記憶、埋葬……無法分割。四百年前，蒙帕納斯曾是巴黎人的垃圾場，那些過時的、被遺忘的、沒有剩餘價值的事物，就被喜新厭舊的巴黎人棄置在這裡。舊時代的大學生，喜歡結伴前來附近的小山頭吟詩飲酒，就像是〈蘭亭集序〉中瀟灑揮毫的王羲之一樣，風流倜儻。

爲了追尋蕭邦與王爾德人生最後的歸宿，我曾在蒙帕納斯小住一段時間。多年

蒙帕納斯墓園（Cimetière du Montparnasse）

過去了，二十一世紀的蒙帕納斯熙來攘往，開了許多有個性的咖啡廳與餐館，但這兒仍保有一處安詳之地，依舊沉睡在波希米亞人褪色的夢境中。就在蒙帕納斯火車站後方不遠處，我找到了他們永世長眠的居所，也找到了可以避開吵嚷，讓自己安歇的所在。

巴黎，不僅僅是奧斯曼（Baron Georges-Eugène Haussmann）所打造的瑰麗都市，巴黎，更屬於每個曾經爲她佇足，爲她停留，甚至爲她奉獻生命的靈魂。對我來說，蒙帕納斯墓園是人們青春歲月的總決算，此地的紀念碑，都是由生命曾經擁有的種種美好所化成的。

初次拜訪蒙帕納斯墓園時，坦白說，我有點訝異。在這裡，我看見了皓髮蒼蒼的老先生老太太兩人手牽著手，細數年少時的輕狂；在這裡，我看見了幼兒園的小朋友，在老師的帶領下來這裡郊遊，進行一場意義深刻的生命教育；在這裡，我看見了失去至愛的戀人們，在墓石上寫下令我們爲之心碎的銘刻。來自全世界的旅行者都知道，在巴黎，一定要來追懷長眠在此地的偉大心靈。

蒙帕納斯墓園，不僅僅只是一座公共墓園而已，它也是生時與死後，兩個世界對話與交流的空間。從入口進到墓園的那一刻，我就被它深深地吸引，一條筆直的林蔭道貫穿園區，兩旁布滿了優美又哀傷的雕刻，行走在其中，不知不覺地就陷入某種超然的虔誠之中。來到這裡，它似乎正引領著我們不斷地自省著，生命存在目的與意義。

從林梢稀疏灑下的陽光，將林蔭大道化作歌頌自然的敘事詩，在那一刻，墓園內的雕刻也化爲對生命永恆的祝福。一方面向我們訴說世界的美麗、活著的美好；另一方面，參差散落的墓碑，又讓我有置身在廢墟的錯覺，隱隱閃現的淒涼，提醒著旅行者：生命是脆弱無常的。

其中有幾座墓塚，讓我特別流連忘返：

莫泊桑

十九世紀的短篇小說之王莫泊桑，他的墓雕是一座小巧精緻的講壇，每年的七月六日，莫泊桑的粉絲都會聚在這裡，高聲朗讀莫泊桑對虛榮與僞善的諷刺。妳可以想像在墓園中，一大群人聚集在某個墳頭前，專心聆聽講者的朗讀嗎？在這裡，這樣的場面一點也沒有違和感，那是詩人作家聚會的露天沙龍，是莫泊桑在世時的場景重現。

莫泊桑之墓

波特萊爾紀念碑

波特萊爾

以《巴黎的憂鬱》（*Le Spleen de Paris*）、《惡之華》（*Les fleurs du mal*）揚名詩壇的波特萊爾，與他最痛恨的繼父合葬一處，理由竟然是因爲繼父家族比較有名望。還好，波特萊爾最愛的母親就在不遠的地方。墓塚本身中規中矩，不太起眼，連我都錯過了好幾次才找到。相對於低調的墓塚，波特萊爾的紀念墓雕倒是大大地出名，巴黎人爲了紀念波特萊爾，提議另築一座墓雕，連當時的國會都曾熱切地討論過這件藝壇大事。

沙特與西蒙波娃

從波特萊爾墓再稍微往前走幾步，就會看見一座押滿車票、登機證、地鐵劵的墓塚，沙特與西蒙波娃，這對法國文壇的奇特伴侶，死後也同歸一塋。兩個激情開放且絕對自由的靈魂，爲了避免兩人的感情在尋常婚姻體制內磨損、厭倦或疲乏，他們選擇了外人難以理解的同居模式。西蒙波娃後來也說過：「我和沙特的關係，是我一生中不容置疑的巨大成就，三十多年來，我們只有一次在就寢時是不和諧的。」這種存在主義式的愛情觀點，我想，並不一定適合每個人。也因爲如此踰越常規的情愛形式，促使他們更進一步去理解，去解讀彼此意識深層的欲望與想法。

皮瓊夫婦家族墓園

最令我留連不捨的，是皮瓊夫婦的家族墓園。

皮瓊夫婦的青銅墓雕十分特別，這位以發明安全煤油燈致富的實業家，與他結縭一世的妻子，身著高雅的禮服，同寢於一張床上，只見夫人面向丈夫躺

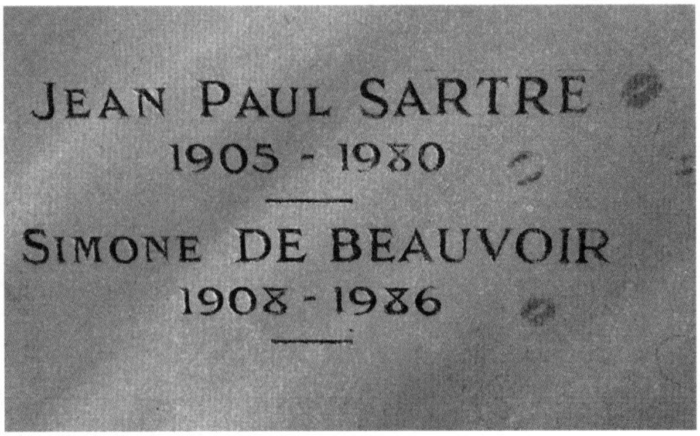

沙特與波娃

皮瓊夫婦墓床

臥，皮瓊先生輕輕地倚貼著妻子，正攤開手上的書，就好像準備要唸給妻子聽。不過我覺得更像是夫人看書看到睡著了，皮瓊先生則要把夫人手邊散落的書本收拾闔上。天使就站在床頭，凝視著這段亙古的浪漫。無論是那一種意象，都充滿了對枕邊人的愛憐。

戀人的訣別

最後，是讓我感動不已、美得令人心碎的墓雕——「戀人的訣別」，蒼白的墓石上佇立著一位掩面哭泣的男子，而在他眼前的殘酷景象，是即將關上的冥府之門，他的愛人伸出手，彷彿想要捉住最後一絲的希望。面對無情的死別，我們凡人是無能爲力的，只能盡情地哀痛。墓園的管理人告訴我，故事的女主角，是一位樂觀開朗的美麗女子，就在婚禮前夕，一場可怕的交通意外奪走了幸福的可能，活在世上的戀人，失去了對未來的期盼，他將難以言喻的心痛，鐫刻在蒼白的紀念碑上：

失去愛，這個世界什麼也沒有。

是的，失去愛，這世界只剩下槁木死灰，什麼也沒有。巴黎，則因爲他們的存在，因爲愛與眷戀，化爲一場永不停止的流動饗宴。

巴黎的墓園，是一個深深迷戀「現世」的地方。迥異於華人的墓園，這裡瀰漫的是生命的氣息，它不單單只是我們對亡者告別的所在，更像是人們到了另外一個空間，安頓自身；而墓園，則是他們與生時的現世唯一的連結。

對我來說，墓園，代表了一個地方看待生命的方式。華人墓園很剛硬、沉重，甚至是有點急就章的，這代表我們面對死亡，充滿了恐懼、怖畏和逃避；而巴黎人看待生命的方式很美，它揉合了眷戀與不捨，這樣的美，在蒼涼中、在回憶裡，追想往日的美好片段。它融會了豁達與了悟，如此的浪漫，就像是某種飄盪在太虛的神秘一般，包容了生命，也包容了死亡。巴黎的墓是輕盈的，在這裡，我們會看見人們對生命的迷戀，盡可能地裝扮墓園，是希望生者帶著愉快且平靜的心來探望、來追思。

我們沒有辦法選擇登場的方式，但我們或許可以選擇謝幕的方式。死亡，是一個如此巨大的休止符，唯有面對這樣虛無空白的存在，你我才會去思考：在這個休止符來臨之前，我們應該做些什麼？

躺在這裡的人們，都在死前完成了自己的獨特性。巴黎人將死亡視爲睡眠，永恆的睡眠。有一天當我們也沉沉睡去之時，會不會有人想起我們？以什麼樣的方式想起我們？

站在墓園裡，我想了很多。很多事正等著我們，一起去完成。

戀人的訣別

義大利・威尼斯

當鳳尾船划過——安靜沉著的世故

「當我來到威尼斯，發現我的夢——不可思議卻又輕而易舉地——早已成為我的居所。」

——普魯斯特

黑色的鳳尾船，徐徐划過夜色。白天的喧鬧褪去，城市向觀光客有禮地道了聲晚安，當燈火點亮了水道，點亮了壁面，也點亮了隱遁在古老中的繁華。

初次來到威尼斯，正是向晚時分。夕陽最後一抹霞光幽幽褪去，一如這座古城在歷史舞台上扮演的角色，豔麗而淫靡，種種荒誕的異色傳奇精采紛呈，它是中古歐洲過渡到理性時代的最後一場夢境。人們彷彿知道，最好的時候就要結束了，得狠狠地把握住現世，痛快地樂一場。這場夢境持續了兩百多年，然後，歐洲文明就迎來了滿是制約與規範的理性時代。

今天，我們拜訪威尼斯，多半是搭火車或其他陸上交通工具，越過長長的自由

從大海轉入運河，細細品味威尼斯的美。

大橋（Ponte della Libertà），抵達羅馬廣場（Piazzale Roma）或是聖塔露琪亞車站（Stazione di Venezia Santa Lucia），然後再換乘公共汽船進到市中心。或是乘船繞行外運河，直抵聖馬可大教堂，避開城內的壅塞。

不過，無論以何種形式的抵達，我總覺得有些遺憾。真正要品味威尼斯的美，最好的路線，是從大海轉入運河，緩緩前行，隨著漣漪，駛入這場迷亂的美夢。

想像一下，我們是從異國來的行商，帶著滿船奇珍異寶，正從亞德里亞海駛進大運河（Canalazzo），準備在這兒盡情揮霍。

首先，妳會遠遠地望見這座高塔林立的島城，望見了港口。壯麗的聖馬可大教堂氣勢恢弘，旁邊的安康聖母大教堂（Santa Maria della Salute）展現著絕美的圓頂，威尼斯正擺出了它最氣派的排場，大運河就是千年來行走路線。妳看，這裡是里奧托橋（Ponte di Rialto），威尼斯大運河最重要的一座大橋，熙來攘往的船隻穿梭在大運河兩岸，河道漸漸縮小，櫛比鱗次的豪門深院，就像是威尼斯貴族的花名冊——每個家庭都把自己的名字刻在這些宏偉的正立面上。像是火焰燃燒般的阿拉伯式與哥德式尖塔、氣派十足的巴洛克、典雅的文藝復興，都迫不及待地告訴我們，屋內的主子可是大有來頭，有些是縱橫四海的富商，或者是艷冠群芳的宮廷寵妓，沿途所見，盡是過去十五個世紀的歲月沉積。

這些爭奇鬥艷的繁盛絕景，正一齊向妳伸出雙臂，歡欣鼓舞地呼喊著：

Benvenuto!

說威尼斯是「水都」，我覺得，太小家子氣，太小看了這座歷經千年繁華的海洋帝國。大部分的人都知道它是義大利的一座古城，城中阡陌縱橫的水道，映著粼粼波光，鳳尾船在其中搖曳而過，構成了它獨特的風情。這種「城市」印象，也不過是拿破崙征服威尼斯之後，至今短短三百年間的事。威尼斯曾經是海洋貿易版圖上的商業帝國，壟斷了地中海與阿拉伯世界之間的貿易路線。在大航海時代來臨之前，「威尼斯共和國」作爲中世紀的超級海權霸主，兼具亞洲的驕縱與歐洲的華美，她稱自己是「最尊貴的威尼斯共和國」，她自己也很樂意穿金戴銀，得意洋洋地向世

界炫耀亞得里亞海女王的艷麗。威尼斯人絕對不會跟妳說自己是「義大利人」，他們是威尼斯人，以深厚、璀璨的文明自豪的威尼斯人。

威尼斯由一百一十八座島嶼、一座潟湖和一個半島所組成，在地圖上，看起來就像是一條大魚，大運河蜿蜒穿過魚腹，河的兩岸滿是城中最華美的豪宅。羅馬帝國時期，爲了逃避日耳曼人的襲擊，羅馬難民一波波逃向海上，聚居在這灣潟湖的群島之中。走過了數百年的衝突與融合，威尼斯從潟湖裡瘧蚊肆虐的難民村，蛻化成一個閃閃發光的共和政府。威尼斯的氣質，可以說是絕無僅有的：一半東方，一半西方；一半土地，一半海洋，並且在羅馬與拜占庭、基督信仰與伊斯蘭之間泰然自若。

威尼斯的富裕來自東方貿易，從歐洲內陸開始，一路向外延展，一直到地中海東方的黎凡特地區，到處都有共和國的貿易據點，也難怪一位中世紀的編年史家語帶抱怨，有點酸葡萄地形容：

「全世界所有的黃金，都要經過威尼斯人的手！」

威尼斯位在海中央，卻又不是「一座島」，獨特的地理位置，也給了威尼斯遺世哀傷的獨特色調。在世人的眼中，威尼斯，似乎永遠在神秘榮耀與曖昧怪誕之間來回擺盪，一座永不與現實妥協，卻又極度世俗的城市。

乍看之下，會覺得這座城市很古老，很華美，姿態很特別。威尼斯的天際線巧妙地布滿了高塔、鐘樓、圓頂、尖拱、旗杆、起重車、吊索，以及各色奇特形狀，又說不出名字的物體。天際線的下方，則是一棟棟破落不堪的豪宅，與搖搖欲墜的民房，曲折蜿蜒的水道則貫穿其間。我愛她的矛盾與複雜，愛她孤獨的姿態，愛她在洗盡鉛華之後，那份安靜沉著的世故。

大航海時代開展後，威尼斯的海權霸主地位迅速衰退，爲了在國際競爭中存活，她華麗轉身，成爲中世紀最浮浪、奢靡的娛樂之都，就像是從紐約變身成了拉斯維加斯。她不聽從羅馬教廷的控制，擁有自己的主教，在歐陸被教廷重重的枷鎖綑綁時，威尼斯孤懸海上，恣意妄爲，可以說是一處活生生的索多瑪城。

性愛、酒精、藥物、美食，日以繼夜的狂歡，更重要的，是音樂。爲了款待遠道而來的貴賓，提供極致官能、耽美的饗宴，威尼斯需要大量的藝術家，包括了音樂家、詩人、畫家、表演者，以及娼妓。韋瓦第在這兒的孤兒院訓練孩子們歌唱、演奏；蒙台威爾第在這裡奠定了歌劇的形式；韓德爾則繼承了歌劇傳統，憑著《阿格里皮娜》在樂壇一舉成名……太多太多的名人傳奇，在這裡幕起幕落。

威尼斯發達的娛樂事業，也造就了它特殊的社會階級。威尼斯的娼妓不只是單純的賣淫，就像中國的「揚州瘦馬」，多才多藝、飽讀詩書，是政商名流宴飲聚會時不可或缺的伴侶。電影《絕代寵妓》正是透過維若妮卡．弗朗科的故事，揭露了威

絕代寵妓維若尼卡．弗朗科（Veronica Franco）

尼斯特殊的「政妓」文化。一五七四年，法王亨利三世前往訪問威尼斯總督時，維若妮卡弗朗科被選爲招待，維若妮卡高明的手腕使亨利三世心悅臣服，在法國的支援下，威尼斯成功化解了一場政治與軍事衝突。

威尼斯之旅究竟有什麼魅力，能讓這位嚴守天主教戒律、極爲儉樸的法王亨利三世神魂顛倒？

當時，威尼斯爲了迎接這位微服出巡的年輕國王，擺出了空前的盛典接待。迎賓的凱旋門是由帕拉底歐設計，並交給丁特列托與維洛內些裝飾。四百名斯拉夫船槳手操作著十四艘護衛艦，帶著國王從海上進入威尼斯，當船隊穿越潟湖時，「巨大

一代閹伶法里內利（Farinelli）

無比的火爐從爐口與煙囪噴出火柱！」國王目瞪口呆，看著一艘大平台筏上的藝匠們，正吹製著各式各樣不可思議的玻璃。不久之後，裝飾精美的第二船隊抵達，黃金繡錦、波斯地毯、卡拉拉大理石、中國絲綢，以奇異巧思堆砌出共和國的富庶。

在總督府的晚宴中，與會的仕女們都穿著令人驚羨的禮服爭奇鬥艷，她們「全身上下飾滿寶石及大顆珍珠，不只是串戴在頸上，而且毫無廉恥地用在頭飾與肩披之上。」主菜有一千兩百道，甜點是三百種不同的甜品，全部都用銀盤裝盛。各式精緻的糖偶點綴於宴席之間，有動物、森林、異教神祇與列位天使。總督府還特別爲亨利國王安排了人生第一齣義大利歌劇與馬戲。就在這一天，共和國的奢華，深深地雋印在這座漂浮之都的靈魂中，也成爲日後所有旅客拜訪威尼斯時所追尋的幻夢。

根據歷史學家的記載，這位居易行簡的可憐國王，經歷過靈魂與肉體的徹底解放，就再也「回不去」了。回到法國後，亨利三世終其一生，都沉淪在鶯啼宛轉的溫柔鄉，迷亂於永恆的失序之中。

大量的娼妓則產生了大量的孤兒，這些孤兒總被棄置在教堂前，爲了不讓大家亂丟棄嬰，威尼斯許多教堂都設有一座石台，意思就是：「嘿，妳要託孤沒問題，但不要亂放噢，就放在這裡吧！」

這些被教會收養的孤兒，由於父母多是名妓與貴族，往往生得非常漂亮。他們在孤兒院中接受專業的音樂訓練，成爲作曲家、演奏家與歌唱家，電影《絕代艷姬》就呈現了威尼斯偉大閹伶法里內利的一生。可以說，威尼斯就是中世紀的音樂之都，擁有最豐沛的人才、最受矚目的舞台，只要在威尼斯綻放光采，整個歐洲都會對他刮目相看。

關於威尼斯，值得訴說的實在太多了。我覺得她矛盾的地方在於，這麼一個耽於感官的國度，竟存在著如同新加坡般嚴厲的警察制度。這兒的治安異常良好，在歐陸其他國家都在蓋城堡、致力於防禦工事時，這裡蓋的是名人別墅，沒有圍牆。數量龐大的別墅群密集增長，彷彿是在說：「來吧，來安心地玩，只要照著我的規矩，專心賺錢、專心享樂，就什麼都不用怕。」這正是她迷人的所在，威尼斯人深知眞實人生的殘酷，海水隨時會覆滅這座城，他們不信救贖，及時行樂，一如夢境即將甦醒之前，閃現的全是最光怪陸離的故事。

乘著鳳尾船，優雅地划過波河，妳會聞到河水攜帶著阿爾卑斯山的石灰氣味，攜帶著松林針葉的芬芳。渡過粼粼水波後，妳就能了解，全世界只有一個威尼斯，只有一個！

德國・德勒斯登

強人奧古斯都的巴洛克珠寶——夢，總在遙遠的他方

一八〇二年，德國狂飆時期著名詩人、哲學家赫爾德來到古老的德勒斯登，驚艷於她的典雅華麗，盤桓多日後，感歎地寫下：

……渾然天成的歷史氛圍，令人歎為觀止的藝術收藏……無可比擬，也不可能複製，她是「易北河畔的佛羅倫斯」！

德勒斯登，這座風格純粹整齊的巴洛克古都，是我心目中，最美的城市之一。老城的今生前世，要從十七世紀說起。

宗教改革後，歐洲諸國不再需要支付制式稅金給梵諦岡，君主們開始變得富有，便動手興建氣派的宮殿皇居、訂製華服、改造城市。而位於德國東部的薩克森王國「強人」奧古斯都（Friedrich August I der Starke）更是其中的佼佼者。身兼波蘭國王與神聖羅馬帝國選帝侯的奧古斯都，相信貴族血統至上的絕對君權主義，在

「強人」奧古斯都——王宮旁的列王行進圖（Fürstenzug）。

政治外交上積極地向外擴張併呑，而內政事務則推行經濟改革。不過在私生活，奧古斯都也不遑多讓，聽說光是薩克森後宮，就有三百六十五名佳麗供奧古斯都臨幸，羨煞歐洲其他君王。國內朝臣更勸說奧古斯都，應該在波蘭及薩克森各安置官方認可的皇家情婦，這樣兩國的恩寵才能平衡。顯然，各國使節非常喜愛奧古斯都的風流韻事，私下封給他「強人」的封號，其實是諷刺奧古斯都在性事上的需索無度。

當時的薩克森，不僅是德意志的軍事強權，也是顯赫的政治金權。強人奧古斯都致富的秘密，是高品質瓷器的製作與專賣。

當時，東方的瓷器藉由海路供應

全球，讓壟斷海上貿易的西班牙人富得流油，這種「白如玉、明如鏡、薄如紙、聲如磬」的奇異商品，即使歐洲人想破了頭，也透徹不了其中的奧妙。歐洲各國都在竭盡全力破解瓷器製作的秘方，企圖改變這種不公平的局面。

西方第一位破解瓷土配方的天才，是來自德國中部圖林根的貝特格（Johann Friedrich Böttger）。

白色黃金：瓷器

貝特格是個引人注意的江湖術士，曾經利用一些極具戲劇性的化學實驗及舞台噱頭，在歐洲各地招搖撞騙，並以販賣煉金秘方爲生。貝特格曾被普魯士國王腓特烈一世召見，希望能一窺煉金術的玄秘。貝特格自知那是假秘方，結果畏罪潛逃。夜路走多了，難免會有意外，貝特格在逃亡期間，被強人奧古斯都逮捕，並打入與世隔絕的監獄中，除非透露出煉金的神秘配方，否則終身不得離開。

貝格特迫於無奈之下，答應以另一項秘方交換自己的自由。由於奧古斯都瘋狂迷戀被稱爲「白色黃金」的瓷器，貝特格就被監禁在國王的實驗室中，日以繼夜地爲國王的瓷器狂熱服務，前後十四年，終於研究出製作瓷器的配方。奧古斯都便在

綠穹珍寶館（Grünes Gewölbe）

盛產瓷器原料的麥森設立了皇家製瓷廠，從此獨霸歐陸，「麥森瓷器」（Meißen）成爲極品名瓷的象徵。

麥森瓷器廠的技藝有多精湛呢？市中心的茨溫格宮（Der Dresdner Zwinger）清脆雅緻的白瓷編鐘，與王宮（Dresdner Residenzschloss）旁令人驚歎的列王行進圖，就可稍稍了解薩克森藝術的偉大成就。

這門瓷器生意讓奧古斯都賺進了花不完的財富，奧古斯都的權力欲望也隨之蠢蠢欲動。他聽聞遙遠的東方有一個蒙兀兒王朝，那裡的皇帝坐擁天下財富，被如雲的美女所圍繞，可以不受控制地爲所欲爲。奧古斯都雖然貴爲一國之王，但他的行動與決定還是必須受議會制衡，嚮往著神秘東方的奧古斯都，打造了一座「綠穹珍寶館」，專門收藏他所收羅的奇珍異寶，其中就包括了這組「大蒙兀兒奧朗則布的寶座」。

奧朗則布是與奧古斯都同時期的蒙兀兒君主，他的父親就是修築泰姬瑪哈的沙賈汗。蒙兀兒王朝是當時稱霸中亞的強大帝國，由成吉思汗與帖木兒的後裔所建立，勢力範圍囊括了整個印度次大陸、中亞。關於蒙兀兒的種種偉大傳說，就在行商的口中迅速傳唱開來。

一七二五年，在巴西發現鑽石礦之前，印度戈康達是地球上唯一的鑽石礦源，一六八七年奧朗則布將戈康達納入版圖之後，寶石專賣成為蒙兀兒最重要的財政收入。當時往來東西的旅人都耳語：奧朗則布是位豪奢的大君，宮殿裡所有的器具都是用鑽石鑲嵌裝飾，連建築本身也用鑽石裝修得富雅炫麗，奧朗則布連最基本的打賞，都是以鑽石來支付。「如此，每個人才能充分體會梵天的大能」奧朗則布如是說。

遠在薩克森的奧古斯都，對於奧朗則布的無拘揮霍與蠻橫自由，有著強烈而難以自拔的渴望。一六九四年，強人奧古斯都成為薩克森君王之後，開始瘋狂地蒐集，成就了有史以來最驚奇的巴洛克藝術收藏。

奧古斯都熱愛的不只是繪畫雕塑，對珠寶也十分迷戀。他收購了大量天然、形

大蒙兀兒奧朗則布的寶座（Der Thron des GroBmoguls Aureng-Zeb）

狀不規則的珍珠，聘請能工巧匠用各色寶石與貴金屬，精雕細琢成各式珍寶。奧古斯都精心規畫了一座由象牙、祖母綠、紅榴石、天青石鑲嵌的博物館：綠穹珍寶館來把玩他的收藏。這些珍寶不是首飾，更像是現代人賞玩用的公仔。數以萬計，精緻無匹的玩偶、小丑，結合了歌舞斑斕的印度風情、清高恬淡的中國格調、野性勃發的非洲活力……琳琅滿目，簇擁成一座令人眼花繚亂的奢華舞台。

爲什麼貴爲一方之霸的奧古斯都，需要打造這樣一組超級奢華的「公仔」呢？收藏，是個人靈魂的劇場，是小宇宙的縮影，透過分類、排列與展示，收藏品融爲一體，顯露出獨特的個性，這也是收藏家最私密的靈魂印記。透過「收藏」，我們可以窺伺每人意識深層的渴望。我想像著奧古斯都處理完國事天下事後，一個大男人，卻躲進這個房間裡，托著腮，歪著頭，獨自面對著自己的憧憬，像個孩子般傻傻地笑著，擺弄著掌心的奧朗則布「公仔」。

這是他唯一能擺脫朝政、攻伐、掠奪、朝臣，自由自在，讓想像力馳騁的時刻，「大蒙兀兒奧朗則布的寶座」，就是他的辦家家酒。想像自己是奧朗則布，想像自己正操控著奧朗則布，統治著無疆的帝國……

用不規則形狀珍珠做成的駱駝公仔

每個人小時候，都有一方專屬於自己的私密空間。再不起眼的雜物：零錢、積木、用過的票根、泡水的書、泛黃的相片……都是我們摯愛的珍寶。

隨著年齡增長，積木與書籤魅力漸漸消褪，取而代之的，是更世俗討好也更流行的時尚，我們把時尚當作城牆，爲我們阻絕充滿傷害的外在世界。精品提包、名牌高跟鞋與高價珠寶化爲城磚，疊成堡壘，我們躲在裡頭，過著「小清新」與「小確幸」的小生活。這種安適自在，讓我們暫時脫離現實，像墜入樹洞的愛麗絲一樣，躲進綺麗繽紛、遙遠的異度空間，逃避著世界，也逃避自我。

每個人都害怕，日復一日的停滯蹉跎，讓我們在一成不變中逐漸腐朽。各種形式的教條、準則、規範與禁忌，讓現實顯得無奈、力不從心。我們每天以不同形式零售自己，卻時時刻刻都在幻想，眞正的夢，就在遙遠的地方。

所以，法國詩人韓波在一八七一年時，寫下了生命最深切的渴望：

生活在他方！（La vie est d'ailleurs!）

是的，因爲我們總想著逃離、總想著解脫，想像不一樣的人生，無拘無束。眞正的生活，或許就在某個不知名的所在。「ailleurs」的意思是「別處」「另外」與「其他」。「生活在他方」，生活是不是還有其他的可能？可以不是現在的模樣嗎？「生活在他方」，道出了現實生活與理想咫尺天涯的鴻溝，對自由與禁梏的兩難。

我們需要一個專屬於自己的自在角落，有趣的是，我們總在這個閉塞的角落中，惦念著遼闊的遠方。爲了滿足這份惦念，我開始旅行，搭著願意收留我的貨輪出航，無論貨輪準備開往何方。

「哪裡都可以，只要離開就好……」卡夫卡如是說。

我想，妳懂的。

法國・凡爾賽

皇宮裡的小農莊——自欺欺人的幸福

金碧輝煌的凡爾賽宮，是每個來到巴黎的觀光客一定不會錯過的景點。以「點」來形容實在太不符合實情，凡爾賽宮，除了極致華美的宮殿建築，位於宮殿群後方的大花園更是廣袤得驚人，妳必須搭乘遊園公車才能多看一些，或是事先做好功課，選定目標，一開園就衝進門，往目的地發足狂奔，時間永遠都不夠用。

我特別喜歡位於花園內東北方的一處小角落（由於凡爾賽宮的坐向朝東南，妳若拿著指南針站在宮殿確定方向，這個小角落位於地球坐標的西北方），離皇宮很遠很遠，四周都是茂密的森林，寧靜、清幽，彷彿與宮廷毫無關聯。這裡是瑪麗・安托瓦內特的小農莊。

這一次是在仲夏來訪，池塘與小屋之間，大片的風信子盛情綻放，將莊園染成一片紫色的向晚。

漫畫《凡爾賽玫瑰》與電影《凡爾賽拜金女》，故事裡這位天真又揮霍的斷頭台皇后，妳是否也和大家一樣，覺得她其實還滿悲情的呢？瑪麗・安托瓦內特的丈夫路易十六，也是一位值得同情的角色，他是個非常認眞、勤於政事的君主，可惜缺乏政治才華。沒有政治才華，就會做出一連串錯誤的判斷。他的才華展現在製鎖，藉著製造各式各樣精巧卓絕的鎖，他逃避面對一場糊塗的政治現狀，畢竟國勢陵夷，他也沒有能力去力挽狂瀾。

這對夫妻，是火與冰的矛盾組合，從個人特質到日常生活，兩人之間，存在著尖銳鮮明的對立。路易十六是天生的遲鈍麻木、優柔寡斷，似乎沒有一絲一毫的情感。任何的情愛、仇恨，甚至連面臨生死存亡的緊要關頭，都不能激起他內心的些許波瀾。在他的生命中，音樂與藝術，就像是路旁的沙石般無用，吃飯與睡覺，才是眞正重要的大事。令人訝異的是，對閱讀的喜愛讓路易十六的學識極好，對於法文、德文、義大利文、英文，甚至於拉丁文的使用，都在水準以上。無論批閱公文還是寫日記，他的字體就像是從油墨印刷機裡印出來一樣工整嚴謹。可惜，他只是個庸碌的平凡人，正如北宋的李煜與趙佶一樣，不幸成爲萬人之上的領導者，從

瑪麗・安托瓦內特（Marie Antoinette）

一出生，就註定了他們悲劇的命運。

而他的妻子瑪麗，儘管姿色沒有特別出衆，但是這位來自他鄉異國、正値花樣年華的奧地利小公主，從內到外散發著一股難以形容的高雅氣質，被當代詩人墨客封爲「洛可可女王」，舉手投足間，都展現了過人的自信與美麗。無論是清晨在花園裡漫步、與往來的使節貴族談天說笑、伸出手來讓人親吻、慵懶地坐在長椅上傾聽大家的對話、輕鬆愉快地與朋友道別，每一個細節都如此優雅，不僅讓全國人民爲之傾心，就連各國外交使節也對她讚不絕口。當年，十四歲的瑪麗嫁到巴黎時，她的母親，哈布斯堡家族的瑪莉亞·泰瑞莎女王曾對著哽咽的女兒說：「別了，我最親愛的孩子。要對法國人民非常好，讓他們能說，我爲他們送來一個天使。」

瑪麗的風采確實優美得如同天使，但是，任何一位稍稍敏銳的人，都可以看出她的漫不經心。嚴格說來，瑪麗沒有受過完整的教育，任何需要花心思或是費勁的事情，都讓她感到厭煩，她只想在奢華的享受中虛擲青春。在瑪麗寫給母親的信中，明白地表示她只想要擺脫所有的束縛與責任，縱容自己的欲望：

「讓我盡情地玩樂吧！」

人人都說法國人浪漫，在我看來，法國人其實是控制欲極強的民族。妳看凡爾賽宮的花園，完全是由規規矩矩的幾何形狀所構成的，連花草樹木都被剪成極不自然的樣子；在《凡爾賽拜金女》中，瑪麗皇后從起床到入睡，甚至連行房、生產，都必須由一大群貴婦侍女在旁監看，每一個動作都是固定的儀式步驟。

她沒有自由，但她木訥的丈夫不會懂。

路易十六與瑪麗的結合，是命運的捉弄，也是歷史的錯誤。國王謙虛笨拙、不端架子，王后則輕盈活潑，喜愛熱鬧排場；國王總是沉默思索，而王后說話總是不經大腦；國王對於信仰無比堅定，王后只鍾情於世俗歡樂。同桌吃飯，國王總是專心大吃，饕餮無度，豪飲烈酒，而王后爲了保持體態，吃得很少，滴酒不沾。白天，路易十六外出辦公打獵，瑪麗則在寢宮酣睡。到了午夜，國王才剛剛就寢，王后則精神抖擻地外出賭博、參加舞會。這對王室夫妻即使結婚多年，卻早已貌合神離、名存實亡。

瑪麗雖然生於皇室，但法國的繁文縟節、動輒得咎的流言蜚語，讓這位寄情於服裝、髮型與珠寶的皇后喘不過氣。她始終都沒能適應法國的生活，對金錢缺乏概念，又拒絕動腦求知，瑪麗對一觸即發的革命毫無體認。她豪奢的行爲使臣民反感，人們在公開場合非議著王后乖離的行徑，種種的一切都讓她覺得厭煩、拘束。

於是，瑪麗向丈夫軟硬兼施地，要求在凡爾賽宮給她一個角落，能讓她隨心所欲的支配。路易十六抵不過妻子的要求，將凡爾賽花園後庭的小特里亞農宮（Le Petit Trianon）送給了王后，從此以後，瑪麗有了專屬的宮廷與自由。

小特里亞農宮原本是路易十五爲情婦所建的小別墅，於情於理，作爲皇后的別

苑是非常不適當的。但瑪麗不管這些，搬到小特里亞農宮的第一步，就是取消所有的繁文縟節。在這塊私人領地上，即使是她的丈夫，若沒有接到邀請，也絕不能踏進半步。在這裡，除了瑪麗以外，從販夫走卒到貴族王孫，所有人都被一視同仁地對待。大家可以不顧宮廷禮儀，躺在草地上自在翻滾、放肆地追逐嬉戲，所有的階級尊卑、長幼次序，在小特里亞農宮，全都被瑪麗打破了。

終於獲得解放的瑪麗，懷念起幼時在奧地利的快樂時光。她的母親泰瑞莎女王是個很寵小孩的媽媽，除了讓孩子擁有專屬的遊戲室，如果孩子想騎馬，她也可以削去一座山頭，做個大馬場，讓孩子在其中恣意馳騁。瑪麗試著重現在麗泉宮（Schloss Schönbrunn）的童年記憶：母親爲孩子們精心打造的快樂天堂，有著種滿了奇花異草的溫室園圃，也有來自全世界奇禽異獸的動物園，在麗泉宮，更有一大片山林，可以讓孩子們暢快地奔跑，投入大自然的懷抱。

於是，瑪麗在這片自己的領地上，建造了一座別開生面的皇家莊園，結合了阿爾卑斯的村屋景觀、東方園林與英式花園，這座法國王后的莊園（Hameau de la Reine），成爲藝術史中最奇妙的存在。這是一座小農莊，有著小橋流水、風車磨坊與花園菜圃。妳可以看見野鴨在蜿蜒的小徑上蹣跚地信步漫遊，蹦跳閃現的野兔，則爲遺世獨立的莊園增添愉快的動感。尋常農村裡會出現的羊欄、豬圈、鴿舍、雞籠、麥草堆，在這裡應有盡有。這樣還不夠，王后還重金禮聘眞正的農夫、村婦、獵戶與牧羊人進駐，每天與活生生的動物共同演出眞人實境秀，種田、施肥、收割、放牧，這是一座眞正的農莊，也是一處自欺欺人的牢籠，而且是座經營成本異常昂貴的牢籠。

參觀者可能會覺得，比起氣派的凡爾賽宮殿，這裡就只是座普通到不行的小農莊。但是，在我看來，這是歐洲文明第一次認眞思考「什麼是舒適」，確實根據居住者的需求，去打造一個舒適、自在的生活空間。妳想想，宮殿中那麼大的房間、滿滿的雕梁畫棟，在裡頭飲食起居，會是一件舒服的事情嗎？瑪麗皇后什麼都不要，她所待的這座小農莊，毫無裝飾，只有最簡單的陳設，甚至看起來還有點破爛。

這種破爛，是瑪麗對建築師下達的命令。爲了在細節上和眞的農莊一模一樣，工匠們煞有介事地在牆裡牆外弄出許多裂痕，利用石膏泥刮出歲月的痕跡。千萬別被表面上的「破爛」給騙了噢！這裡畢竟是皇后的小宮廷，所有的陳列布置、家具擺設可是乾淨整齊，舒適無比。

爲了打造這座「簡樸」的小農莊，法國付出了極大的代價。瑪麗總共花了一百六十四萬九千五百二十九金路易（折合新台幣約一億六千萬）。在民生凋敝、路有餓殍的年代，如此大肆揮霍，自然引起臣民們的不滿。大革命之後，國王夫婦被逮捕，當國民議會審判瑪麗時，她也不得不承認：「小特里亞農宮的開銷確實很多，尤其是那些不可預期的支出，超出我的想像……」

我在想，如果路易十六與瑪麗像我們一樣，只是普通平凡的小市民，他們的生活，有沒有可能，擁有眞正的幸福呢？如果，依照他們自己心中的想像，先生只是個下級書吏，而妻子每天在莊園裡忙進忙出，我們的歷史，會不會有所不同呢？

走在路易十六爲妻子所鋪的石板小徑上，我想像著歷史過往的種種，想像著瑪麗皇后的心情。在看盡了凡爾賽宮的錦繡繁華之後，來到瑪麗的小農莊，午後微風柔柔地拂過大地，池畔的鳶尾花輕巧地在風中搖曳，我的心中，已經有了答案。

法國・亞維農

教皇新堡酒莊——愛情的滋味

「懂得欣賞葡萄酒就懂得愛，懂得愛就懂得欣賞葡萄酒。」
(Qui sait boire sait aimer, qui sait aimer sait boire.)

——法國諺語

當我不在的時候，請讓這瓶酒陪著妳。

它入口的時候很是辛辣，那是南法灼人的陽光；接著妳會感覺到一股甜，不斷變化的甜，黑糖的濃郁，蜂蜜的豐潤，櫻桃的香氣，取代了一開始的辛辣，在喉頭、在舌尖，流轉不息。

如果，愛情像葡萄酒，對我來說，這就是屬於妳我的愛情況味。

這是一瓶奇妙的酒，會反映飲酒者的心。如果妳的心情很低落，希望妳別拿它來澆愁，因爲它嚐起來只剩下難忍的澀味。希望妳每天都能開開心心的，帶著愉悅的心情享受它；如果難免低潮，當妳飲下這份苦澀，就想著是我正陪著妳，一起分擔妳的壞心情吧！

這是教皇新堡（Châteauneuf-du-Pape），來自法國南方大地。這裡的夏季陽光猛烈，冬季則風勢遒勁，這片原來不適合產出葡萄酒的區域，卻培養出了頑強的葡萄藤，人們用它的果實釀酒。釀酒師揉和了各品種葡萄的特色，調製出濃郁而富有層次的味道。漿果的甜熟醇美，沉澱出地中海風情的熱烈與性感，含在口中，妳會看見色彩噴灑的繽紛，彷彿秀拉的點描畫，點點斑斑，構成一幅普羅旺斯的風情畫。

世界上，有許許多多動人的美酒。卻從未有過一款酒，像是教皇新堡這樣，令我低迴不已。尤其是其中那層幽微的黑糖香氣，總讓我想起少年時，與港都黑糖冰融在一起的青春回憶。那醇厚的甜，是戀人相伴的安心與溫暖，當我不在妳身邊時，願這瓶酒能將支持的力量傳遞給妳，與妳作伴。

還記得第一次拜訪教皇新堡，也是熾烈的夏天。我背著輕便的行囊，搭上昏昏欲睡的慢車，搖搖晃晃地從巴黎南下，就像梵谷一樣，一心一意嚮往著牧歌風情的普羅旺斯，嚮往著陽光明媚的蔚藍海岸。我想像著藝術家們的心情，亦步亦趨地，追逐著他們的足跡。

轉了好幾班車，最後，我到了一個連站牌也沒有的陌生所在。南方的陽光，強烈得讓我睜不開眼，乾燥炙熱的西洛可風，讓這片土地顯得野蠻荒涼。葡萄園裡

梵谷畫筆下的普羅旺斯

的老先生，指著路旁的招牌告訴我，這裡是教皇新堡。遠方山丘上的城堡，早已在許久之前的戰亂中殘破頹敗，只剩下搖搖欲墜的城壘勉強支撐。

「新堡」早已不在，只剩下葡萄園，沿著起伏的丘陵，鋪陳出一道道的綠痕。後來我才知道，六百年前，教皇新堡可是個威風的地方，這兒曾經是教皇的夏日宮廷，廣達三千公頃的葡萄園，當時是教皇的私人財產。歷經了十字軍東征，以及英法百年戰爭的連年兵禍，以梵諦岡為中心的天主教廷，與法國瓦盧瓦王朝之間，也因為國際政治鬥爭角力，逼著原本財大勢大的教廷一分為二：一邊是法國貴族所擁戴的亞維農教廷，另一邊則是奠基於古老傳統的羅馬教會。當時的法國教皇，就住在離此地不遠的亞維農，而城郊的小城堡，則是教皇的度假行宮。教皇新堡，正是這個郊區莊園的名字。

時光流轉，許多人來了又走，最後，這兒只留下一座寂寞的山城，和滿山恣意撒野的葡萄藤。教皇新堡有了新的意義，成了醉人的酒標；酒標上的兩隻鑰匙，是耶穌交給聖彼得的天國之鑰，正是教皇的象徵。

這裡的夏日白晝，永無止境的熾熱讓人頭暈目眩；而星光點點的夜晚，鋪在葡萄園中的鵝卵石，則持續發散著蒸騰的熱氣，將整個山丘烘得暖暖的。無風的日子裡，山村籠罩在某種靜寂的沉默中，低迴不語；更多的時候，狂風吹得人挺不直腰，當地人說，連太陽都要被風吹下山了。

普羅旺斯的風土特別強烈，教皇新堡的葡萄，根植在石灰深厚的土壤中，口感就透露著厚實粗獷的風味，含在口中，醇美的辛辣在唇齒間翻騰。辛辣之後，濃烈而沉溺的回韻就會隨之而來。品嚐教皇新堡，就像是回味那些我們曾經追求、曾經擁有，以及失落的一切。感情路上的跌跌撞撞，到頭來，所有的一切都在逝去的美好時光中熟成，化成琥珀色的葡萄酒，另有一番領略點滴在心頭。

教皇新堡與波爾多、勃艮地的大型釀酒廠、特級酒莊可說是全然不同，在這裡，更流行小衆市場的迷你莊園，來教皇新堡品酒，就像是到朋友家作客一樣輕鬆自在。由於產量稀少，教皇新堡的酒很少外銷，光是法國的國內市場就已經可以喝完每年的庫存，這也是國際上很難買到的原因。

跟妳分享一個在這兒聽到的小故事：

古希臘人認爲喝葡萄酒能提升個人的性靈層次，並激發出人最好的一面，但醉酒也會使人犯下可怕的罪行。爲了找出化解酒神戴奧尼索斯負面能量的方法，古希臘人費盡了心思。最後，他們相信自己終於找到了，那就是用紫色寶石酒器來盛裝紫色的葡萄酒。而所謂的「紫色寶石酒器」，也就是紫水晶，它的希臘文名字叫做「Amethyst」，字首「A」代表否定，「methy」也就是葡萄酒，衍生出來的「methyein」就是「喝醉」的意思，而整個字串起來，也就是「喝不醉」。

不過，在我心目中，更多的時候，葡萄酒代表的是分享與感動。在基督信仰的聖餐禮，葡萄酒象徵著耶穌基督爲世人所流下的寶血，它代表人與天上立約，每個參與其中的人們，都可以感受到那份來自信仰的感動。

我想要與妳分享，來自熾烈大地的葡萄酒，還有五味雜陳的愛情與人生。

「新堡」早已不在，只留下寂寞山城，和滿山的葡萄藤。

荷蘭・阿姆斯特丹

讀信的藍衣女子——寄一封思念給妳

「一個旅人在荒野裡馳騁很長一段時間之後，他會渴望一座城市。」

——伊塔諾・卡爾維諾《看不見的城市》

好久不見，妳好嗎？

阿姆斯特丹的冬天，這一年，特別的冷。已經下了好幾場雪，初雪時就來勢猛烈，一層又一層，白雪將整座城市包覆在沉沉的寧謐中。博物館、美術館裡，夏日嘈雜的遊客消失了，經過一季的沉澱，冬日的博物館有種霜洗水色盡的清朗，此時的美術館最適合思索、發呆，或是做白日夢。

維梅爾筆下的藍衣女子，也這麼靜靜地佇立在清朗的天光下，靜靜地讀信。

妳在讀這封信時，是什麼樣的心情呢？

維梅爾（Jan Vermeer）是我最喜歡的畫家。他總是畫著日常生活中看似平淡的小事，讀信的人、寫信的人、正在對話的人、秤著砝碼的人、倒水的人……沒有

〈讀信的藍衣女子〉

人知道畫中模特兒是誰，大部分的畫作也沒有明確背景故事。妳可以想像在十七世紀時，這是多麼違悖常識的事情嗎？當時的畫家，一窩蜂地替富商、名流作畫，除了這些業主們的肖像畫，作畫的題材不是神話，就是消失在中世紀歷史迷霧中的傳奇，一切以「市場需求」爲原則。顏料十分昂貴，如果沒有人聘請，畫家是不可能單純爲了興趣而畫畫的。

維梅爾所生活的年代，正值藝術史上以華貴爲美的巴洛克時代。「巴洛克」（Baroque）這個字，源自於葡萄牙文裡的「Barroco」，原本指的是外觀怪異、形狀不規則的珍珠，是用來形容當時新興藝術形式的凌亂粗俗，後來則演變成十七世紀藝術主流的代名詞。

巴洛克藝術，是世界對「絢麗」「奇特」「繁複」與「奢華」的重新理解。利用曲線產生的律動感與裝飾性，巴洛克藝術引領我們進入一個情感至上的世界。音樂是「巴洛克」最具體的範例，韋瓦第、韓德爾、蒙台威爾第，都是巴洛克音樂的代表人物，聆聽他們的作品，腦海中自然會浮現衣香鬢影的華麗舞會，或者是金碧輝煌的大教堂。

而繪畫領域，藝術浪子卡拉瓦喬、充滿生動魄力的魯本斯、將風土人情融爲一體的委拉斯奎茲、光影大師林布蘭，都是巴洛克繪畫大師。維梅爾夾在這些人當中，就好像來自異世界一般，對主流文化漠不關心。他的畫作永遠是那麼寧靜，人物動作凝結在某個瞬間，好像在說：儘管外面的世界風風雨雨、蜚短流長，都與我無關。

雖然只是簡單的舉手投足，維梅爾的靜物描寫表現了平凡生活至高無上的神聖。我覺得，這就是維梅爾偉大的地方。「所謂的偉大，就是成就自己的獨特性。」這是英國歷史學家卡萊爾的觀點，我想，維梅爾不流俗的畫作，很適合用這句話來說明。

當然，維梅爾如此不媚俗、專注呈現自己所關注的世界，能夠靠賣畫所賺的錢也很有限。他的主業其實是經營客棧，同時也經紀藝術仲介。這兩項工作今天看來好像沒什麼相干，實際上並不衝突。當時的拍賣會都是在酒館或旅店裡進行的，像是林布蘭，在他窮途潦倒的時候，曾在一間名爲「帝冠」（The Imperial Crown）的客棧舉行家產拍賣會。

不過，維梅爾這份「主業」似乎也不是經營得非常卓越，他畢竟是個畫家。維梅爾喜歡畫畫，擅長的也是繪畫，只是他畫得很慢、產量很少，題材又冷僻，在當時根本沒有什麼人注意到他。直到三百年後，人們開始研究他畫作中的技巧，這位神秘的畫家才被藝術史譽爲荷蘭巴洛克時期的代表人物。

維梅爾這幅〈讀信的藍衣女子〉，收藏在阿姆斯特丹國家美術館裡。畫面中，一名藍衣女子窗前展信，我們看不出來她臉上的表情是喜是悲，整個場景瀰漫著微妙的光線，透露出某種居家、親密的氛圍。或許是維梅爾的作品將空間詮釋得太過私密，每次我欣賞維梅爾，總帶著些許的不好意思與歉意，就像是進了房間前卻忘了敲門，無意中闖入他人不願顯露的心事一般。

這種私密、親密的氣氛，一如我正在寫信給妳，想像妳讀著信時，是開心？是滿足？是驚喜？還是安心？妳的種種，我的種種，在我們之間，透過信紙傳遞。與他人一點也不相干，是專屬於妳我的對話。

也許也不能算是對話，在旅途中不斷移動的我，沒有固定的收件地址，只能單

〈拿天平的女僕〉

方面的寄信，給妳，每一天。

寫信對我來說是很重要的習慣，我相當依賴文字。想像著，回憶著，跟遙遠的妳對話，和妳分享旅途中的點點滴滴，就像是在海上漂流的人，每天寫一封信，裝進瓶子裡，向大海中拋擲而去。也許大部分的信都會消失，只有很小很小的機會，信會被人撿起。但是，撿到的人可能看不懂，也可能當垃圾丟棄。也許，只有億萬分之一的機會，會有這樣一個人，讀懂了信的內容，遙遠地回應。

妳出現了，妳就在那兒，讀著信，不管我飄蕩到多麼遙遠的地方，有妳在，一

〈倒牛奶的女僕〉

如沙漠風暴中，指引著旅人繼續前行的星星。

很多年前，曾經有一個女子，在我歸來的時候，毫無預警地消失在我的生命之中。留給我的，是一疊未拆封的信。那是我每天寫下的心事，一天一封，從世界各地寄出。有那麼一季的時間，她只收信、不拆信，離開時，將這些信件原封不動地退還給我。我手裡收拾著，卻看見世界在我面前崩壞。信封上的每一張郵票、郵戳，都提醒著我，在我寫信給她時，種種的盼望與思念，一分分、一寸寸，都隨著回憶蝕成傷痕。

那天之後，我再也無法寫出任何句子。原本是那麼依賴書寫的我，彷彿被剝奪了天賦，連存在的本質都被否定，行屍走肉的我，找不到讓日子繼續下去的動力。書寫是我唯一能與世界溝通的寄託，而原來，我所傾訴的一切，對另一個人完全不具意義。

兩個月後，我清點了存款，買了機票，一個國家又一個國家，繼續向前走。在這趟旅程中，我慢慢地，一點一點，把破碎的靈魂拼湊回來。但是，也從那一天起，我的內心多了一片巨大的荒蕪，唯有不斷地移動與追尋，才有可能，填補我內

〈戴珍珠耳環的女孩〉

心那分虛空。

多年後，遇見了妳。

我覺得，把自己丟進荒野裡，是很容易的事，只要專心前進就好了。生命中最刺激的冒險，其實是在日復一日、枯燥殘酷的現實中，還能繼續保有相同的衝勁。平淡的日常，才是生命最大的挑戰。

梅維爾超越了時代的限制，勇敢、孤獨地挑戰這個艱難的主題，在平淡中蘊藉出優雅的詩意，在平凡中蓄涵著和諧的溫柔，將沉重的生活現實，化爲輕盈靈動的色彩。讓我和妳分享奧維德在《變形記》中描寫的一段故事：

海神波賽頓傾心梅杜莎的貌美，在雅典娜的神殿中與她纏綿，雅典娜憤而詛咒梅杜莎，將她變成可怕的蛇髮女妖，每個被她目光掃過的事物都會變成石頭。柏修斯將梅杜莎可怖的頭顱砍下後，交給波賽頓，將她藏在大海最深處。波賽頓將梅杜莎的頭顱面部朝下，輕輕放入海底，放在布滿細小水草與枝椏的海床上。梅杜莎危險的目光，將脆弱的水草幻化成璀璨動人的珊瑚。海中的仙子爲了拿珊瑚做爲裝飾，紛紛帶著海草、枝枒而來。

維梅爾的畫筆，就像是梅杜莎幻化珊瑚的目光一樣，將生活中命定的沉重，化爲最動人的光彩。

何其有幸，在妳的相伴下，我們能一起挑戰這場人生中最困難的冒險。

義大利・羅馬

阿波羅和達芙妮——愛情的執念

如果沒有這把鑰匙，將我的心鎖打開，我就不能在最好的時候，遇見妳。這把鑰匙就是貝尼尼所創造的〈阿波羅與達芙妮〉（*Apollo and Daphne*）。

這座雕像收藏在羅馬的波各塞美術館（Galleria Borghese），是我心目中，巴洛克藝術最極致的表現之一，貝尼尼將冰冷生硬的大理石，化爲《變形記》中最驚心動魄的愛情故事，將時間凍結在神話裡最具張力的一幕。

我喜歡各式各樣的故事：神話、寓言、傳奇、童話……這些故事，來自於人們對生命經驗共同而直接的感受，每個故事都是一張又一張的心靈地圖。遠行歸來的旅人帶回了令人驚奇的見聞，透過故事，我們與世界產生了聯繫，每一篇故事也都是聆聽者內在的冒險。這些故事，讓我們得以觸及抽象的「永恆」，以

貝尼尼（Gian Lorenzo Bernini）

及世界不言而喻的眞相。

奧維德的《變形記》，就是一本雋永且充滿趣味的故事集。奧維德蒐集了古希臘與羅馬神話的精華，從天地初開寫到羅馬帝國的奧古斯都繼位爲止，《變形記》可說是古典拉丁文寫作成就的第一座高峰。奧維德筆下的衆神，與我們沒有太大的差別，具有凡人的欲念與缺陷，每個故事都穿梭在優美的文字與音韻之間，情節生動有趣。整本書以「變形」爲主題，透過「變形」來表達天地萬事萬物不斷變化的道理，進一步更深入地解釋「萬事萬物都在變易中形成」的哲理。

阿波羅與達芙妮，是《變形記》中，我最喜歡的橋段之一。

達芙妮（Daphne），是追隨月神戴安娜的寧芙仙子（Nymph）。寧芙仙子不是女神，比較像是精靈或仙女。這群少女終日在山林水澤之間嬉戲遊蕩，嚮往自由與獨立，並且立誓像戴安娜一樣，一輩子守身如玉，堅定地拒絕異性的追求。達芙妮不只拒絕了俗世的男子，也不喜歡任何一位超凡的天神，她拒絕所有追求者的求婚，即使對方英俊又傑出，也無法打動她的芳心。

「讓我像月神一樣吧！」達芙妮每次無情地回絕後，就頭也不回地奔向森林，繼續過著任性逍遙的生活。她的父親是掌管世界江河的神祇佩紐斯（Peneus），這位宅心仁厚的老人，偶爾會略帶心疼地，輕輕斥責心愛的達芙妮：「女兒！妳欠我一個女婿。」或者是可憐兮兮地說：「難道我註定沒有外孫嗎？」達芙妮看著父親的失落，也只是報以俏皮的笑容，然後又一溜煙地消失在森林古老的濃綠之中。

話說，有一天，阿波羅滿臉驕傲地，對著張弓拉弦的丘比特說：「小鬼！幹嘛拿著大人的武器！這副弓箭掛在我身上還合適些……你的火炬可以點燃情焰，挺好玩的，這樣你就該滿足了，不要不自量力，妄想搶我的光彩！」

面對驕傲的太陽神，丘比特絲毫不退讓，不服氣地回答說：「阿波羅，你的箭或許可以征服萬物，我的箭卻可以征服你！凡人如何屈服於神，你的榮耀就該如何屈服於愛情。」說罷，丘比特展翅高飛，從袋中抽出兩支箭，一支箭頭是閃亮銳利的金鏃，用以點燃情火，另一支則是撲滅情火用的鈍頭鉛鏃。小愛神用鉛箭射中達芙妮的那顆固執的心，金箭則深入阿波羅傲慢的骨髓。

阿波羅對達芙妮的激情猶如天雷勾動地火，他對這位充滿野性美的少女一見傾心，達芙妮卻對婚姻、愛情愈發地噁心，毫無憧憬。貴爲預言之神的阿波羅，這下對自己的未來失算了，熊熊的愛火焚燒著他的心，太陽神卻只能懷著滿腔熾烈的情欲，靠無情果充飢。

望著脂粉未施的達芙妮，她秀髮披散，垂覆在肩膀圓柔的曲線上，迎風飛揚的髮絲只用一條樸素的絹帶繫著，簡單得甚至有點邋遢。在阿波羅眼中，卻認爲她迷人極了：「如果她衣著華麗、髮型整齊，將是何等的美麗呀！」這個念頭像火焰吞噬乾柴般猛烈燃燒，阿波羅再也忍不住了，於是他動身追趕，達芙妮看見阿波羅突

順時針繞著雕塑，就會目睹達芙妮化成樹的過程。

然靠近，倉皇地轉身逃跑，速度比疾馳的風還快。

阿波羅一面追趕，一面喊著：「別跑啊！」他呼喚著達芙妮：「停下來吧！佩紐斯的女兒，看看我是誰！親愛的達芙妮，我求求妳，跑慢一點啊！我不是粗魯的鄉下人或牧童，我是德爾菲的主人阿波羅啊！」

達芙妮嚇壞了，拚了命地向前奔逃，甚至比起過去逃避任何男子都還要懼怕；阿波羅卻在愛的鞭策下加快腳步，緊緊地追逐著她。達芙妮被恐懼驅策，阿波羅則懷著愛情的希望直追，她感覺到阿波羅呼吸的氣息就在耳邊，達芙妮精疲力竭、兩腳發軟，眼看著就要回到樹林了，她看見父親的河流，用盡全身最後一絲力量，向身爲河神的父親呼救：「救救我！親愛的父親！如果河水有靈，將我變形吧！化解我天生麗質的身材與容貌，把它毀了吧！」老父親心痛地完成小女兒這僅有一次的請求，話才說完，達芙妮隨即感到四肢麻木、沉重，雙足在曾疾走過的土地上扎起了根，樹皮漸漸將她包裹，枝椏從她的雙手向天空伸展，樹葉在她的秀髮間萌發，她變成了一棵月桂樹。唯一沒變的，是達芙妮美麗的丰采。

雖然達芙妮化成了樹，阿波羅依舊深愛著她。他伸手撫摸樹幹，還感覺得到那新生樹皮下悸動的心，阿波羅緊抱著樹枝，彷彿那還是達芙妮溫暖的雙臂，他吻向樹身，樹竟然往後退縮。阿波羅不禁悲歎道：「既然妳當不成我的新娘，就當我的聖樹吧！勝利者將用妳的樹葉編織成榮冠，戴在頭上。我的榮耀妳都能分享。無論是人們的歌唱或是故事，阿波羅與月桂樹將永不分離。」

美麗的月桂抖動著新生的樹枝，搖曳著樹冠，彷彿點了點頭，默默接受了阿波羅的承諾。

在貝尼尼巧奪天工的斧鑿之下，達芙妮眼神驚恐、嘴型微張，表現出優雅卻又無與倫比的戲劇性。巴洛克風格的雕塑，是沒有所謂的「正面」，從任何一個角度，我們都可以欣賞到不同的姿態。假使，我們順時針繞著雕塑慢慢觀賞，就會目睹達芙妮由少女變身成樹的恐怖過程。這是貝尼尼天才的設計，由腳踝開始，樹幹的皮逐漸向上包覆，在虛空中揮舞的手指則長出樹葉，可想而知，達芙妮身體的其他部位也正在變成月桂樹。在達芙妮畏怖至極的臉龐之旁，阿波羅俊美的臉上則滿懷激動與失落，他的雙眼流露出年輕生命面對愛情時，那種非理性的幻想與憧憬。阿波羅攫住達芙妮的身體的左手，正按在新生的樹皮之上，那粗糙、堅硬的拒絕，透過阿波羅震驚的表情，如刀般劃在我們的心上。我想，若非達芙妮已變成一棵樹，早就被阿波羅緊緊地擁在懷中。

在〈阿波羅與達芙妮〉這件作品中，我深深覺得，貝尼尼不是藝術家。他根本就是個魔術師，不但讓石頭有了欲念，也讓石頭有了絕望的情緒。

在這座雕像上，我看見了「執念」。一種化不開的蠻橫與糾結。是阿波羅的「執念」，也是達芙妮的「執念」，而正是這種執著，導致了無法挽回的絕望。

〈普羅塞賓娜的掠奪〉（*The Rape of Proserpina*）

或許每個人在一生中，都可能經歷些難以釋懷的傷痛，那些數以年計的時光，我們失去了笑的能力，將自己關在陰冷的地窖中，日日夜夜，舔舐著破碎的靈魂。貝尼尼的這組作品，讓我們以旁觀者的角度，看見了阿波羅如何用愛情鑄成牢籠，他一心一意地要將達芙妮關進這個牢籠之中，愛好自由的達芙妮，則用盡生命逃離，情願變成一棵沒有感情、沒有血淚的樹。他人的離開可以有千百種理由，也許根本無關對錯，但我們總會陷入反覆的自責、怨恨、自我否定（或否定對方）之中。

那不只是囚禁對方的牢籠，也是囚禁了自己。

被金箭射中的阿波羅，他眼中的愛情其實是一種迷信，這種迷信是很可怕的。愛，既是創造宇宙的起源，也是毀滅的根源。如果愛令人絕望、讓人失去自由，我覺得，我們應該要好好思考，我們需要的「愛」究竟是什麼？我們想要給對方的是什麼？對方是否眞的能理解、接受？那是對方需要的嗎？

看見阿波羅與達芙妮以這麼怵目驚心方式來中止一段關係，我心頭的糾結登時釋懷。那是一把鑰匙，轉動之後，就可以通往另一個世界。

一個無人知曉，卻値得我們繼續奮鬥、前進的未來。

〈聖路德維卡·阿爾貝托尼〉（*Blessd Ludovica Albertoni*）

貝尼尼另一件充滿流動意向的巴洛克雕塑——四河噴泉

奧地利・維也納

克林姆的〈擁抱〉——一瞬的幸福

妳相信愛情嗎？

妳知道，愛情也有顏色嗎？

妳知道，愛情是什麼顏色的嗎？

是紅色嗎？像葡萄酒一樣的濃郁，像火一樣的熾烈，是風中的木棉花，是無限美好的絢爛夕照。紅色，也是人爲刀俎、我爲魚肉的殘酷現實，是情場上的刀光劍影，在爭執傷害中，我們踏血而行。

是藍色嗎？是天，是海，是無邊無際的憂鬱，是對自由無限追求的想望；藍色，是無盡的期盼，是愛情的幸福中，隱而不見的哀傷。

是白色嗎？像是早春的百合，是清晨的第一個擁抱。白色，是戀人們的枕邊絮語，訴說稚子般純潔的情愫；還是妳我之間那片沒有交集，也無法填補的空白？

還是灰色呢？像霧一般的凝重，是塵封的秘密，不想面對的沉默。灰色是無以名之的尷尬、失語的無助，是看也看不清楚的陰霾，是說也說不盡的滄海桑田。

如果，將愛情的光譜，化成理性與感性的交融，會是怎樣的光景？

我想帶妳來維也納，來奧地利應用藝術博物館（Österreichisches Museum für Angewandte Kunst），看古斯塔夫．克林姆（Gustav Klimt）。

克林姆晚年大部分的畫作都收藏在上貝爾維德宮，一般我們所熟知的金色時期的作品，像是〈吻〉，就收藏在那裡。不過我想帶妳看的是另外一幅，孤伶伶的被收在奧地利應用藝術博物館，很少被人提起。

這幅畫叫做〈擁抱〉。

應用藝術博物館，收藏了維也納在帝都時期最誇耀、最浮華的紅塵往事。我個人偏愛博物館內輕鬆明亮，卻又隱約閃動頹廢沉淪的末世氛圍。十九世紀末的維也納，在天眞而舒緩的面貌之下，潛藏著自我認同的焦慮與矛盾，像是可望而不可及的戀人般，充滿了神秘難解的誘惑。

文藝復興以來的似錦繁花，發展到一九〇〇年，雖然工業革命開啓了現代化，醫藥的普及也大大改善了人們的生活品質，但歐洲文明也來到了頹唐衰落的關鍵。國際上的爭端紛紛擾擾，所有人都知道毀滅即將來臨，卻什麼也做不了。時代的巨變如同夢魘，在不具希望

席勒筆下的克林姆

感的狀態下，人們開始緬懷、沉溺於往昔的榮光之中，大量地向古代的神話典故、寓言、聖經、文學取經，製造格局龐大的藝術作品，以提升智識與道德的教育功能爲宗旨，文化氣氛異常保守。

這就是歷史主義，將「希望」寄託在已逝的美好年代之中，引經據典，混搭重組。對觀者而言，看畫的同時，也是共同參與、見證了歷史的一刻，讓我們深切地思考過去，一同成爲文化傳統的承繼者。歷史主義的藝術創作，不僅是畫家需要具備豐富的人文素養，看畫的人也必須擁有同等的涵養，才能了解藝術家想表達的感受與觀點。對於不熟悉藝術史的觀者而言，歷史主義的作品就顯得格外陌生、傲慢，欣賞這種類型的藝術創作，似乎只是某些階級的特權。而歷史主義作品刻意忽略了世紀末的緊張，這是「山外青山樓外樓，西湖歌舞幾時休？暖風薰得遊人醉，直把杭州當汴州」。受過教育的貴族階級，無視於群眾的眞實處境，逃避面對他們無力處理的種種問題。

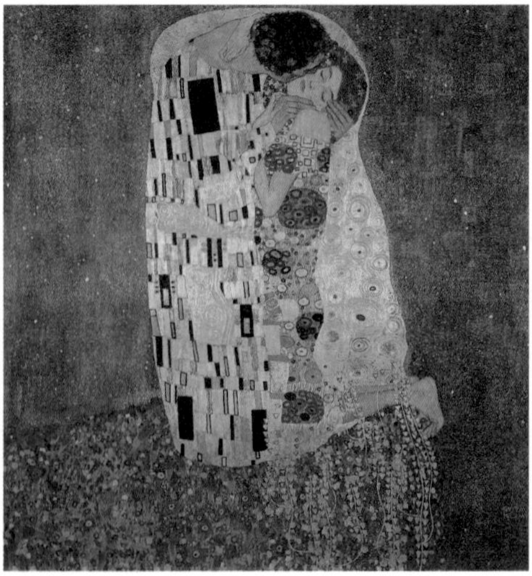

〈吻〉

一九一四年，第一次世界大戰就爆發了。這場禍端長達四年，不但中斷了歐洲社會的發展，它所造成的搗毀與破壞，更讓文明的進程迅速倒退。在這場災難來臨之前，維也納的藝壇出現了兩道燦爛的返照霞光，一位是席勒，另一位就是克林姆。

克林姆，以及他所代表的分離派藝術（Secessionism），我想，是最能夠傳達世紀末浮華又不安的情緒。克林姆擅於使用各式各樣誇炫的材料，層次疊置成繁複精采的圖飾，讓畫中的人物肖像脫離世俗的平面，將血肉之軀化成沉溺於感官逸樂的魅影。他的用色充滿情欲，他的畫面是絕美的金色年華，充滿了熱切的渴望。

克林姆的藝術自成一格，歷史主義風格提供給他豐富的養分，藉由他的天才與不羈，形成一幅幅封閉、靜止、魔幻的小宇宙：細膩精緻的人物造形，靈感得自於古希臘神殿的淺浮雕；金箔與銀箔的使用，讓我聯想到馬賽克鑲嵌的拜占庭風格；衣帶上的紋飾取材自美索不達米亞的圖案；衣服是古埃及新王國時期風格；而整體給我們的視覺感受，與其說是人物肖像，更像是晶瑩璀璨的聖像畫，一幅象徵著財富、影響力與性魅力的時代剪影。在畫布上所有的空白，都被種種奇異所填滿，而克林姆受歡迎的程度，則反映出世紀末的維也納，強烈地偏好著親密而混亂的空間，以及富有邊緣性格的病態美。

克林姆是反叛的。在那個極端保守的時代，克林姆卻大膽地將「性」直接呈現在畫作上，透過裸體的人物詮釋「性」、愛與死亡的種種樣貌。他自己的愛情生活也是很扭曲的，妳看過畫冊上的〈吻〉，是否曾注意到，被吻的女子臉上是百般的不情願？那是愛情中的貌合神離，來到現場，我發現這對戀人是跪在懸崖邊上的，只要稍稍挪動，就可能摔得粉身碎骨。死亡的陰影如此迫切，而畫面上金光燦然的用色，是那麼的冰冷，彷彿隔著永遠無法越過的藩籬，心與心之間無法溝通，即使色彩再絢爛，內在的情感卻是荒涼的。

克林姆的畫作大都具有這樣的共同特色。然而，有一幅不一樣，這一幅就是〈擁抱〉。

〈擁抱〉被另外收藏在奧地利應用藝術博物館，不太引人注意，也很少被討論。這是一幅未完成的畫作，畫面上，一對男女相擁，男子將頭深深地埋進女子的肩窩中，將自己徹底的交給了對方。女子則閉著雙眼，安詳而溫柔，完全接納了男子的依賴。

這是克林姆的畫作中，極爲罕見的、僅有一瞬的幸福時光。我想是連克林姆自己都不確定該怎麼畫才好，所以這幅畫始終都未完成。〈擁抱〉的畫面溫暖而安定，用色也迥異於金色時期，他使用了大量的藍，藍色，是天空和海洋的顏色，它代表了人類對自由、對無限的嚮往。克林姆用不同層次的藍，表達了他對愛的接納，而愛也接納了他。

雖然僅僅只有那麼一瞬，克林姆就在那一瞬間，與世界和解了。

在那一瞬的眞實中，我們回憶起愛情的開始，是一往情深的相信與期盼。

〈擁抱〉

奧地利・維也納

席勒的〈家庭〉——最哀傷的全家福

我想趕快離開維也納……這裡多麼令人生厭！所有人都忌妒我，和我作對。以前的同學用惡毒的眼光看我。維也納處處都是陰影，這座城市是黑的，所有的事物都一成不變。我想要孤獨，我想到波希米亞的森林去……我想用新的眼光看待世界。我想要嚐嚐山澗裡的黑水，看看密林中古老龜裂的樹木，感受吹過原野的風……我要帶著驚奇觀看……我要經歷一切……感受大地與天空……

——一九一〇年，席勒給培希卡的信

妳說，想去維也納的利奧波德博物館（Leopold Museum）看埃貢・席勒（Egon Schiele）的畫，那裡收藏了最多席勒的作品。但是，我更想帶妳來上貝爾維德宮（Österreichische Galerie Belvedere）博物館，在這裡，妳會看到截然不同的席勒。

他的畫，總是給我憂傷的感受。

初次看到席勒的作品，畫中女子的姿態，讓我想起了孟買暗巷，或是阿姆斯特丹玻璃櫥窗後的風塵女子：眼睛是不健康的紅，纏繞在髮間、在眉梢、在肌膚上，是某種病態的美。她們總是消瘦得像是中世紀的木雕，或坐或臥，極盡可能地搔首弄姿，想要引起往來人群的注目。席勒筆下女子身上那些不自然的色塊：紅、黃、綠、灰，是脆弱與殘缺的象徵。藝術家向我們暗示，這些女孩們生活也許並不單純，在緊繃的肉體之下，隱藏著令人坐立難安的故事。

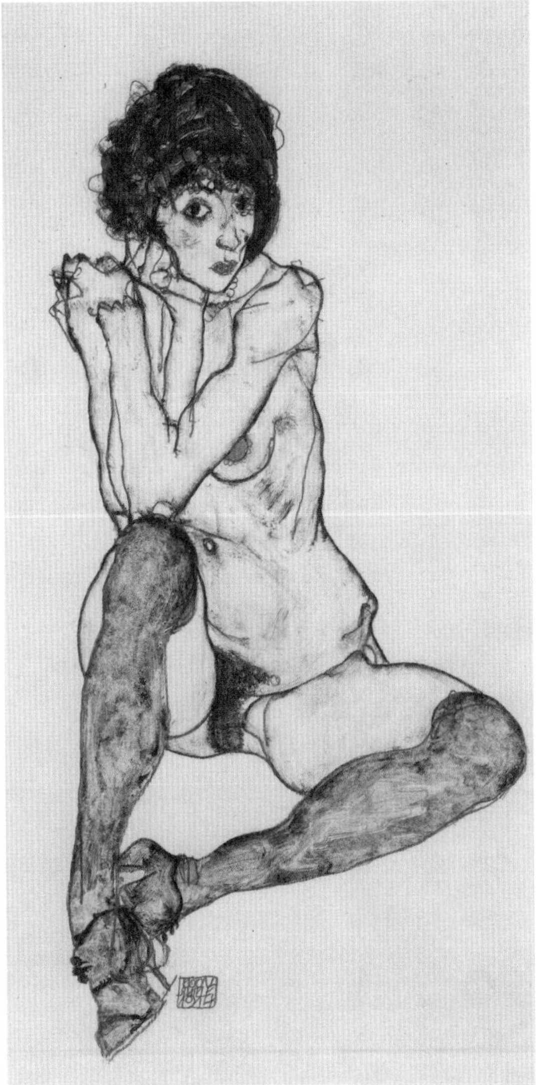

〈裸女〉

席勒自畫像

正因爲這些女子看起來是如此憂煩，讓我不禁好奇，是什麼樣的畫家，能畫出如此驚心的作品？

一八九〇年六月十二日，席勒誕生於維也納城郊一座不起眼的小鎭，除了華格納曾在樂劇《尼貝龍根的指環》中輕輕帶過之外，幾乎沒什麼人注意過這個地方。從小，席勒就是個不甚討喜的孩子：強烈且偏激、退縮而孤僻，愛做白日夢，大部分的人不喜歡他，對他也不了解。繁華的維也納，對於少年席勒來說，不過是一座沉寂的死城。

十九世紀末，世界瀰漫著某種山雨欲來的不安。奧匈帝國的形勢千瘡百孔，所有人都知道國家的傾頹一觸即發，卻又對此無能爲力。維也納在夜夜笙歌中期待著末日降臨，大家假裝生活得無憂無慮，卻在心中隱藏對現實的敵意。透過藝術與大衆文化的表現出來的，是世事變幻的虛妄無常。瑰麗的帝都維也納，就像俄羅斯凱薩琳女王的波坦金村（Potemkin village），只顧著表面榮華，這種榮華根本就是紙糊的道具布景，卻假裝不可一世，沒有人願意眞切、誠實地去面對維也納的未來。

席勒卻隱隱然看穿了這些浮華事物的本質，他的尖銳，捅破了這堆華而不實的布景。雖然不受歡迎，少年席勒在同儕與老師的眼中，天縱的藝術才情仍是無法被埋沒的。許多人都認可席勒對藝術無比的熱情，就連克林姆在一九〇七年第一次看到席勒的作品時，都曖昧地說：「你有太多太多的天賦！」

也許，一向自視甚高的克林姆，眞心認爲少年席勒擁有無可比擬的天才；也許，任性而孤傲的席勒，打從心裡就認定畫畫是件容易的事，只要恣意揮灑，沒有什麼是辦不到的；也許，正因爲席勒是不甘寂寞的天才，在他的畫作，總是流露出強烈的自戀。我喜歡席勒在筆觸用色間所流露的自信，一種近乎揮霍的瀟灑。有時候甚至坦白得讓人不自在，這就是席勒，帶給我們直接而深刻的生命感受。

許多人對席勒的刻板印象，來自於他別具風格的裸體畫作。克林姆關注感官的情色描繪，席勒也是，只不過克林姆的線條更像是愛撫：輕柔、細膩、溫存。畫中的男女沉溺於物質逸樂，洋溢著官能式的愉悅神采，觀畫的我們，就像是站在克林姆身旁，與他一同分享著模特兒的身體。席勒則是完全不同的類型，席勒的裸女更像是某種神奇的鏡像，映照出模特兒的靈魂特質。在大膽狂妄，甚至於令人害羞的情色表達背後，我看見席勒深沉徬徨的孤獨，隱晦的不安與自毀傾向。

一九一〇年，席勒所創作的〈站立的自畫像〉〈斜倚的女孩〉〈坐著的女孩〉〈畫著鏡前裸體模特兒的自畫像〉，畫中女孩們纖細的肢體、稚氣甜美的臉龐、危險挑釁的眼神、豐厚欲滴的嘴唇，蠻橫地出現在我們面前，讓我想到俄裔美籍小說家納博可夫筆下，集天眞與狂野於一體的羅莉塔（Lolita）。這一系列畫作，帶領我們來到道德懸崖的邊緣，直視情欲的深淵，坦誠地面對與生俱來的肉體。席勒認爲性愛，就和進食與睡眠一樣的重要，也一樣的平凡，無法從生活中割捨，也像死亡一般地無法避免。

即使是現代，公開展現如此激情而私密的行爲，也會引起大衆的惶恐不安，更何況是二十世紀初的維也納！席勒後來因爲裸體少女系列鋃鐺入獄，卻也讓他的知名度大開。事實上，席勒所思考的，是「性」與「愛」的對立，擺盪在禁忌與恩典之間的焦慮與迷惑，席勒的坦白，讓我們重新思考「性」「愛」，用直率露骨的性愛場面，去衝撞矯飾僞善的維也納。席勒更公開表示，情色、裸體不算是色情，只有心術不正的觀畫者才是眞正的「猥褻」。

〈三個女人〉

席勒就是這樣一位畫家，用畫筆砍鑿城牆，掀開世俗的重重遮掩，讓光線直接落在道德的陰暗角落，逼我們直視生命的幽微。

不過，這不是我最喜愛的席勒，在上貝爾維德宮博物館內，收藏著一幅特殊的畫作。

一九一四年，是席勒畫風轉變的分水嶺。席勒與伊迪絲．漢斯（Edith Harms）在這一年結爲連理，這段大家都不看好的婚姻，其實相當幸福。只是新婚第四天，畫家就被徵召入伍。接下來的幾年，席勒的繪畫事業聲譽漸隆，他個人專屬的悲劇性與侵略性也消褪了，取而代之的，是一種更世故，也更自在的陳述方式。

席勒的〈家庭〉，就是這樣一幅自傳意味濃厚的畫作，大尺寸，接近正方形的畫面由後往前，分別是父親、母親與小孩以倒三角來構圖呈現。位於前景的小朋友用色鮮艷明亮，畫面正中央的母親臉孔略帶憂傷，但是我們還是可以從肌膚窺見些許活力，到了畫面最底部，卻是一片槁木死灰的枯黃，不祥的氣息瀰漫了整個畫作。畫作中的每個人，都沐浴在某種希望的光之中，眼神雖然迷濛，卻也帶著堅定的天眞。席勒用色彩取代線條，如此一來讓情感的渲染力更爲強大。當席勒開始作畫時，最初的標題並不是〈家庭〉，而是〈蹲著〉或是〈蹲下的夫婦〉。就主題上，我認爲這幅畫作原本是席勒另一部作品〈擁抱〉的系列聯作。席勒的〈擁抱〉，表達的是男女之間的激情，而原來的主題〈蹲著〉，則更像是激情過後的憂鬱感傷。不過，當畫作進行到一半時，席勒發現妻子伊迪絲懷孕了，因此，席勒改變了主題，也把原本的模特兒換成伊迪絲。

席勒將自己對「家」的美麗想像，投射在這幅作品上。畫家想像自己未出世孩子的可愛模樣，嬌嫩可愛的臉頰，透露著不知世事的爛漫。準爸爸期待小生命降臨的欣喜與緊張，在小朋友的臉上展露無遺。

〈家庭〉

只可惜，這個夢想永遠都沒有辦法實現。

畫中的小嬰兒，也就是席勒未出世的孩子，與媽媽伊迪絲，一同死於一九一八年十月二十八日，原因是西班牙流感。這場恐怖的瘟疫奪去了全世界將近兩千五百萬人的生命，其中也包括了克林姆（一九一八年二月六日）。就在伊迪絲與腹中胎兒過世後三天，一九一八年的十月三十一日，席勒也與世長辭，得年二十八歲。

席勒的〈家庭〉，是我看過最哀傷的全家福。早慧的席勒，在成長的過程充滿挫折。孤獨的意識，無能爲力的衝突，是藝術家無解的命題。「家」不僅沒有成爲避風港，反而讓他再次受到傷害。經過多年的追尋過後，席勒在伊迪絲懷中找到了眞愛，小倆口相依爲命，即使艱苦，但這是屬於席勒與伊迪絲獨有的幸福。畫家拋去過往的荒誕與頹唐，用最溫柔的筆觸，期待新生命的到來，描繪心目中的完美家庭。席勒的〈家庭〉，畫出了幸福生活的普世價值，家庭之於我們，是甜蜜的權利，也是義無反顧的責任。

在現場看著這幅畫，我總是會感到畫中存在著很深的怨念。我覺得，在某個程度上，席勒應該是心碎而死的。親眼看著懷著孩子的妻子在眼前斷氣，而他自己也虛弱的承受著病痛，但眞正的折磨是摯愛的永訣，這讓人徹底失去求生意志。在他死前，他就這樣持續凝視著這幅寄託著憧憬的畫，對妻子的強烈思念，揉著深刻的哀慟、不甘、憤怒與絕望。

走出博物館，明媚的春光洗去了我對席勒的莫名感傷。讓我感動的是，不管席勒的靈魂存在著什麼樣的殘缺，成長過程中遭遇過多麼重的創傷、經濟上是如何的困頓，他始終相信，生命是值得追求的，生活一定會更好。透過他的才華，席勒將心中的這些想法告訴了我們。真正的生活，其實很平淡的，慢悠悠的，活著才更有滋味，我相信，席勒也是這麼想的吧！

〈瀕死的艾迪絲〉——席勒最後一張畫作

奧地利・維也納

普拉特的大摩天輪——沉默而持續地前進吧

「摩天輪是誰發明的？」香具矢的視線越過玻璃看向遠方，說：「坐的時候很開心，但結束時總覺得有點感傷。」

——三浦紫苑《啓航吧！編舟計畫》

妳說：喜歡從高處向遠方眺望。

妳說：在接近雲端的地方，塵世的醜陋，消融在距離之中，世界看起來變得更美好。

我要帶妳來看的這座摩天輪，不像倫敦千禧之眼，也不像新加坡的摩天觀景輪，在現在的眼光看來，它沒有那麼壯觀，也不太具有現代感，它是世界上現存最古老的摩天輪，矗立在在維也納市區的東北方。

一八九七年，在它落成之時，頂端離地六十五公尺的高度，讓它摘下「世界最高摩天輪」的王冠。這頂由鋼鐵與玻璃打造的榮耀，今日看來並不起眼，不過在當時，可是革命性的工藝時尚，相對於笨重的磚石建築，鋼骨建築顯得輕盈、摩登，閃閃發光。爲了快速搭建醒目的高聳地標，歐美各地的建築師如著魔般開始比賽，利用鋼骨結構與全新的建築概念，搭建出一座又一座的高塔與摩天輪。原非建材主流的鋼鐵與玻璃，由此躍升爲當時最前衛、也最主重要的結構原料。維也納市政廳當然也不甘示弱，採納了英國技師拜塞特（Walter B. Basset）與希琴（Harry Hitchins）的提案，在大維也納的第二區，利奧波德城，打造一座符合時代精神、屬於畢達麥亞階級的遊樂設施，大摩天輪（Wiener Riesenrad）就此誕生。

當地人管這裡叫做普拉特（Prater），在拉丁文的意思爲「草地」（Pratum）。妳可以想像，這裡有著一大片一大片的森林與草

地，在天氣晴朗的好日子，居民喜歡與家人、朋友一起，到這裡走走逛逛。普拉特，是在地人最喜愛的都會公園，維也納的綠色心臟。

聽說，普拉特原本是多瑙河畔的一座小島，上面住滿了各式各樣的野鴨野雁。五百年前，神聖羅馬帝國的統治者——哈布斯堡家族，將這裡劃爲皇家獵場。當時的人會趁著月黑風高，在夜裡游泳過河，專程到小島上偷走皇帝的天鵝。爲了遏止猖獗的小偷，皇帝還特別派遣專人在島上看守天鵝呢！

在成爲皇家獵場兩百多年後，十八世紀後半，普拉特開始對外開放，成爲維也納的都會公園。這時候不流行偷鵝了，人們改偷鴨子。穿著大衣的遊客來到公園，經過在路旁遊蕩的鴨子時，就用迅雷不及掩耳的速度，把鴨子包起來帶回家，打打牙祭。不過，寂寞的維也納人始終覺得這裡還少些了什麼，很顯然地，看看風景散散步、順便偷鴨子回家吃，不管怎樣都還是有點無趣。

維也納人興建大摩天輪的另一個目的，是爲了慶祝奧匈帝國皇帝，法蘭茲．約瑟夫一世（Franz Josef I）登基五十週年。落成之後的大摩天輪，被如此形容著：「普拉特的大摩天輪與史帝芬主教座堂（Wiener Stephansdom）、國家歌劇院（Wiener Staatsoper）與城堡劇場（Burgtheater），是市區最明亮的晨星，也是維也納人引以自豪的歷史象徵。」

可惜，這座如晨星般璀璨的大摩天輪，已經在一九四四年的空襲中消失了。我們現在看到的，是戰後復原重建，原本的三十個包廂也減成十五個。雖然已非原物，2.0版的大摩天輪依然給我們某種追憶似水年華的懷想。老式的木製包廂散發著舊時代的輕鬆，從大摩天輪六十五公尺高的頂端往下看，可以鳥瞰公園裡的小朋友追逐嬉笑；望得再遠一點，妳一定會陶醉在維也納市中心精緻優雅的天際線中，多瑙河流淌著穿過維也納森林，向東方迆邐而去。妳也一定會看見百水（Hundertwasser）設計的垃圾焚化廠，它奇特前衛的造型，是維也納天際線最引人關注的焦點。天氣好的時候，我們還可以從大摩天輪的頂端，遠眺六十公里外，斯洛伐克的首都布拉提斯拉瓦哦！

隨著視線繼續往遠方舒展，不由自主地，想起生命中那些美麗的日子。

在我成長的南方港都，曾經有一座百貨公司，是高雄人的集體記憶，它曾經是城市中最高、最繁華明亮的大樓。它的樓頂天台有座小摩天輪，約莫十五公尺高的摩天輪，是高雄孩子共同的夢。

每次我來到這裡，我都會央求父母親讓我去坐一坐樓頂的摩天輪。一次代幣二十元，小小的摩天輪會轉兩圈。在家裡，也只有我一個人喜歡摩天輪。也只有在這個時候，我可以獨自占有小小的包廂，不用跟任何人說話。隨著摩天輪緩緩升起，腳下人聲鼎沸與城市燈火也越來越遠，摩天輪沒有音樂，世界也隨著高度的改變靜了下來。

然後，我可以看見遠方，令人充滿想像、美好的遠方。

相較於摩天輪的空曠視野，在高雄的老家就顯得簇擁陰沉。位於縣市交界的老舊公寓，景觀乏善可陳。老家又是一樓，在周圍樓房的遮掩下，除了正午一段短短的時間，終日幽暗，採不到陽光。而我，最喜歡待在樓頂的水塔上，夜裡就拿著星盤看星星，遠離嘈雜的家，沉浸在星座的神話故事中。

入伍前一天，我又去百貨公司的天台，搭了最後一次摩天輪，作爲對城市、對青春的告別。這不是我最後一次搭摩天輪，卻是我與天台摩天輪的永訣，一年後，百貨公司就因爲火災燒成了危樓，最愛的摩天輪，熔成不忍卒睹的廢鐵。

多年下來，我對天空的想望依然熾熱。幾年前來到台北，開始四處找尋落腳的地方。就在繁華都會的另一側，我又在百貨商場的樓上，找到安身所在。位於十八層樓高的小套房，是我能力所及的極限。房租很貴，掏空口袋後，我才能撐著把房間租了下來，接下來的日子，更只能勒緊腰帶，喝西北風度日。我也沒有餘裕添購任何家具，眞的是家徒四壁，環堵蕭然。

但沒有關係，只要有一扇明亮的窗，一個夢，對我來說就是全部。

有好幾年的時間，這裡是我在全世界最喜歡的角落。我總是關掉屋裡的燈，讓街上的燈光透過窗戶灑進來，五顏六色、閃閃爍爍，就好像回到天台摩天輪上一樣。再一次，我可以享受片刻的寧靜，眺望地面的星光與天上的燈火，眺望自己的夢與回憶。

妳知道「摩天輪」（Ferris Wheel）這個名詞怎麼來的嗎？一八九三年，美國人喬治．法利士（George Washington Ferris）爲了芝加哥哥倫布紀念博覽會，設計了世界上第一座摩天輪，與巴黎在一八八九年爲博覽會建造的巴黎鐵塔一較高下。第一個摩天輪重二、二〇〇噸，可乘坐二、一六〇人，高八十點四公尺，相等於二十六層樓。正由於法利士的成就，日後人們都以「法利士巨輪」（Ferris Wheel）來稱呼它，也就是妳我所熟悉的摩天輪。

不過，摩天輪早在十七世紀時就已經出現了。最早發明摩天輪的是保加利亞人，在沒有機械動力的年代，當年的摩天輪依賴大力士（或大胖子）爬上十公尺高的梯子，利用身體下墜的重量讓摩天輪運轉。聽起來很不可思議？這種摩天輪到現在都還存在著。下一次，總有一天，我會帶妳到印度孟買的朱胡海灘，在那裡，這種古老形式的摩天輪還被繼續使用著呢！

我想帶妳一起，登上摩天輪，享受這須臾的美好。縱使摩天輪令人感傷，卻隱含著沉默而持續的能量。就是這份堅定，讓我們面對生活，繼續向前。

KODAK
POLIZEI
VIENNA
PRATER
AUSGANG

挪威・奧斯陸

威格蘭公園中的父與子——石頭般的堅定溫柔

挪威的首都奧斯陸（Olso），源自古諾爾斯語的Ásló，意思是「神聖的森林」。在比時間還要悠遠的年代之前，這裡是一片槎枒幽微的太古森林，人們來到這片神聖的土地上，祭祀大自然一切有形與無形的神秘力量。即使時代變換，奧斯陸早已發展成北歐的首善之都，這份屬於古老歲月的記憶，仍然深植在城市的基因之中，大大小小的公園遍布城內，就某方面而言，這兒依舊保有斯堪地那維亞先民，尋溯內在的自由與力量的深沉魅力。

奧斯陸是全世界物價最貴的城市，但它的悠閒、輕柔、明亮，卻也美好得過分，街上往來的人們，腳下都踩著催眠般的節奏，像是輕輕地飄浮在雲端。由於其他消費場所都需要支付不菲的成本，奧斯陸的公園就成了市民最親近的夥伴，奧斯陸人的閒暇，大部分都在公園中度過。

對旅人來說，奧斯陸的公園，就是古老森林的吉光片羽，而威格蘭公園（Vigelandsanlegget），更是這些遺跡中最動人的角落。它刻劃著人世間的生命與死亡、歡愉與哀傷，以豐富表情與戲劇性呈現生活不同的面向。這裡集中展示著挪威近代雕刻大師古斯塔夫・威格蘭的畢生精華，世界各地慕名而來的旅人，都在此追憶每個人心中的美麗永恆，召喚未來蒼鬱的青春。

威格蘭生於挪威南部海岸城市的曼達爾（Mandal），父親是一名木匠，更是一位虔誠的新教徒，威格蘭就在濃厚的宗教氛圍裡度過少年時代。他和米開朗基羅一樣，少年時期所創作的素描及小型木雕，就已顯現過人的藝術天賦。父親知道，小威格蘭的天賦不應該埋沒在沒沒無名的海邊小鎮，在父親的鼓勵下，十五歲的威格蘭便前往奧斯陸學畫。

一八八八年，埃及帝王谷法老陵墓的發掘，大英帝國的首都倫敦，也發生了舉世聞名的「開膛手傑克」血案，整個歐洲，一下子被那股陰暗的死亡氣息所攫獲，文學、戲劇、音樂，在不同的領域，霎時間充斥了各式各樣血腥與肢解的想像，世紀末的頹廢正式成爲藝術界的主題。就在如此灰暗的時代氛圍中，年輕的威格蘭立定志向，決定用藝術來鼓舞

古斯塔夫・威格蘭（Gustav Vigeland）

人心，他要成爲一位專業的雕塑家。

此時的北歐，正值中產階級與民主代議制度的興起，對於貴族階級所崇尚的巴洛克與洛可可，不遺餘力地加以抨擊。藝術家們醉心於恢復古希臘與古羅馬的傳統，前面提到的死亡與頹廢，則透過對古代神話題材的重新詮釋風靡歐洲，形成所謂的「新古典主義」，丹麥雕塑大師托瓦爾森，就是其中的佼佼者。而與托瓦爾森相對立的反動力量，就是法國的大師羅丹。羅丹不關心古代的英雄，將注意力放在個人情感的表現，尤其是人體姿態所展現的種種。威格蘭個人藝術風格的形成，一方面得力於托瓦爾森對古典美的執著，另一方面，一八九三年時，威格蘭曾到巴黎旅居半年，期間經常出入羅丹的工作室，我想，威格蘭一定也從羅丹那裡，學習到如何透過壓縮與解放軀體，表現每個人獨一無二的

內在精神。「任何軀體的建構，也是一種具體的自我建構」，這段話不但是羅丹作品的註解，也是威格蘭創作精神的最佳說明。

成就了威格蘭多元且多產藝術風貌的，是他積累多年的工作、旅行與研習經驗。回到奧斯陸後，這座城市自然就成了威格蘭這位曠世天才的舞台。而威格蘭公園，則是藝術家窮究一生、雕琢出無常人世的聚散離合，以及冀盼永恆的奇異所在。

妳問我，在威格蘭公園裡，最喜歡哪些作品？

我最喜歡的，是橋上那些父母與孩子們親密互動的雕像。

在藝術史的長河中，以母親與孩子爲表現主題的作品，數量算是最多了：波提切利的〈榮耀聖母〉、達文西〈岩窟裡的聖母〉、米開朗基羅的〈聖殤〉、拉斐爾〈草地上的聖母〉與魯本斯的〈聖家族〉……藝術大師們用畫筆與斧鑿，見證了母性之愛的神聖偉大。不過，關於父與子之間的情感交流的作品，卻寥寥可數。在威格蘭公園，可以見到許多以「父與子」爲主題的雕塑，我想，這是因爲，對威格蘭來說，父親的存在極爲重要吧？

威格蘭到奧斯陸的第二年，父親就逝世了。父親在威格蘭的心中，是嚴師，也是慈父。在往後的五十年中，「父與子」就成爲威格蘭一再重複的主題，在公園裡，我們可以清楚地看見，威格蘭用雕塑來懷念他的父親。在每個孩子的心目中，父親的形象都是高大而充滿力量的，我常在想，神話傳說裡常常有主題，表現人類與巨人族之間的交流與戰爭，就某一方面而言，其實也是每個孩子在成長的路上，追逐父親身影的故事。在威格蘭公園裡的雕像正是如此，看著一座又一座孩子與爸爸的雕像，我的腦海裡出現了一幕又一幕小時候的回憶，爸爸媽媽的身影彷彿就在身旁。

我的父親是藍領階級，家中的生活不算寬裕，但是家庭對孩子的教育卻非常重視。記得在我很小的時候，父親的雇主準備移民到美國，將家中的一切物品都開放給員工、親友自行搬取。父親到得晚，現場只剩下為數不多的物品，他發現了一套海盜版的大英百科全書，想到我很喜歡看書，就把那套書給搬了回來。

這件事，在外人看來自然微不足道，書既不能吃，也不實用，堆在家裡還占位置。不過這套書卻奠定了我的知識基礎，我日日夜夜貪婪地捧讀，因為這套書，我感受到世界的廣袤與偉大，開始對許許多多的事物充滿好奇與想像，有很多藝術家的生平和作品，也是因爲這套百科全書而認識的。直到現在，不管我搬到哪裡，這套書都還是陪在我身邊。

從某個層面來說，這套百科全書，也奠定了我生命的基調。到世界各地旅行、印證在書中閱讀的故事，甚至蒐集更多旅途見聞，一切的一切，都不再只是紙上的符號，全都成了最直接的親身體驗。

當我跟父親說，我要去旅行，父親沉默了許久，只跟我說了一句話：「你可能不知道自己要什麼，但你要知道自己不要什麼。」我和父親的談話雖然不多，但他的人生智慧卻留在我的心底，陪著我走過了萬水千山。隨著廣而博的探索，我逐漸懂得，認識世界的過程，也就是認識自己的過程。知道自己不要什麼，而且當機立斷地放手，其實就是成就自己的獨特性。

知道自己的定位之後，或許，就能掌握人生的方向。

威格蘭公園中央的生命之柱，刻劃著生命的兩極，從出生到死亡，回應著我們對「生命從何而來？到哪裡去？活著的目的是什麼？」這樣大哉問的終極關懷。面對著生命之柱如此巨大的存在，每個來到這裡的人，都可以看到生命輪迴之前的遊蕩、掙扎與徘徊。

整座公園的配置，其實就是生命之旅的過程。從正面進入公園，最醒目的雕塑

品，莫過於立在門房小屋鑲板上，造型粗獷、姿態凶惡的恐怖蜥蜴。這件作品取材自北歐中世紀教堂入口的龍形飾板，通常是以人物與惡龍交錯雜沓的形式呈現。在古老的信仰中，蜥蜴象徵著人類一生持續要面對的風波險阻，是邪惡的具體實象，從我們出生的那一刻開始，就註定要不斷地被這隻怪物糾纏。

穿過大門後，是一座長長的花崗岩橋，四個角落放置著不同的雕像，其中三座是男子奮力與蜥蜴搏鬥，另一尊則是女子擁抱著蜥蜴。我想，這是威格蘭對生命的隱喻，面對邪惡，有人選擇戰鬥、拒絕；也有人選擇妥協、接受，這樣的指涉與暗示，敘述的是從今生此岸過渡到來生彼岸的過程中，有的人是向上飛升，有的人則是向下沉淪，無論成功失敗，每個人都有機會，蛻變爲人生旅程裡的英雄。

而橋上那些父母與子女的雕塑群，則是生命中愛的風景。即使搏鬥，即使妥協，即使困厄，但家人的陪伴，讓我們看見了「溫柔」所蘊藉的無限能量。威格蘭公園，不僅僅是藝術家對家庭生活的懷想，也是一個孩子對父母親的深深思念。

威格蘭的雕刻，讓妳我以最溫柔的眼神關注世界。

丹麥・哥本哈根

蒂沃麗花園——一場隔絕現實的歡樂夢

妳問我，為什麼是哥本哈根？這座一般認為平淡又昂貴的城市呢？哥本哈根的韻味，不在於它有什麼驚人的世界奇觀，而是它的生活感。丹麥的文化底蘊，就藏在這樣的生活感中，在這兒待上一陣子，妳一定能體會到它的特殊之處。

我想帶妳去的，是位於哥本哈根市中心的蒂沃麗花園（Tivoli Gardens）。它不但是歐洲最古老的遊樂園，而且，還是一座「永遠蓋不完」的遊樂園！讀到這裡，是不是開始有點興趣了呢？一座位於市中心、占地廣袤的古老遊樂園，歷經了百年歲月滄桑，竟然還維持著十九世紀的規模，對於習慣「翻兩番，搞上去」的我們，一定也覺得不可思議吧！

故事要從十九世紀開始講起。革命浪潮一波又一波，國際政治情勢風雲詭譎，社會人心浮動激盪，從地中海的港灣到挪威的森林，從希臘雅典到愛爾蘭都柏林，整個歐洲，都籠罩在蠢動不安中。這份時代的騷動從一七八九年開始，由一群對社

會現實極度不滿的巴黎居民，攻入了市區古老的巴士底監獄，掀開了歐洲大革命的序幕。接下來的百年，從革命衍生的戰爭與和平之中，公民意識與民族主義出現了，舊體制被政治激情送上了斷頭台，舊經濟被工業革命巨輪輾成碎片，一切，都不一樣了。

這股民主革命的燎原大火，以法蘭西爲中心，向四面八方延燒，北方的斯堪地那維亞也感受到這股激情。哥本哈根的市民們受到國際局勢的感召，思考著：「如果國家也交給我們當家作主，那該有多好！」於是，這群維京人後裔也像法蘭西人一樣，上街示威遊行，大聲吶喊：「我們不要國王！我們要民主！」

國王與貴族們都不知道應該怎麼辦才好？結果，有個聰明人告訴國王：「當人們把注意力都放在自己身上時，自然而然，就不會注意政治啦！」

國王與貴族們猛然醒悟，大家都覺得這個人實在是太聰明、太了不起了！為什麼我們以前都沒想到呢？於是，國王克里斯蒂安八世（King Christian VIII），馬上撥出市區最精華的地段，以九百四十五克朗的低廉租金為代價，委託這個絕頂聰明的建議者喬治・卡斯特森（Georg Carstensen），為哥本哈根市民打造一座永不歇業的主題樂園。於是，這座廣達六萬一千平方公尺、屬於全體人民的夢幻宮殿，就這樣出現了！

蒂沃麗花園是一座獨一無二的樂園。一如麥克・安迪筆下的《說不完的故事》（*Never Ending Story*），蒂沃麗處處充滿了巧思與新意，這是創辦者卡斯特森的堅持：「蒂沃麗，永遠不會有完工的一天！」它永遠都在與時間賽跑，卻總是優雅地領先在時代前方。它是一座充滿刺激與速度感的遊樂場，也是一座有夢、有故事、充滿了溫馨回憶的美麗花園。蒂沃麗是老少咸宜的，這兒到處是各式各樣的舞台，芭蕾的舞台、爵士樂的演奏廳、管弦樂團的展演台……它是歐洲第一座會在建築物上綴滿小燈泡的樂園，入夜後點上燈，整座花園顯得如夢似幻，將殘酷的現實隔離在門外。我喜歡蒂沃麗，因爲它是哥本哈根市民共同的情感記憶，每個跟我聊起蒂沃麗的哥本哈根人，不管年齡有多老、個性多強硬，都會在那個瞬間跌入回憶，臉上的表情變得十分柔和，微笑的臉頰彷彿綻開的花。

那是與家人一同出遊、共享歡樂時光的回憶。

在成長的過程，記憶中，父母總是爲了張羅家中生計而疲於奔波，孩子們都沒什麼機會去遊樂園。長大後，有經濟能力了，就喜歡往遊樂園跑，好像想要彌補些什麼，追回些什麼。而我，每次到哥本哈根，一定會走進蒂沃麗，在這些古老的遊樂設施旁流連，像是木頭做的雲霄飛車、要用雙手把自己拉上去的自由落體……但我更喜歡來這裡，來感受「家庭」，感受周遭的人群，他們和家人、朋友同樂的喜悅。

蒂沃麗的美，是不分年齡均可共享的。在這裡可以看見各式各樣的人，很多丹麥家庭爲孩子在這裡舉辦慶生會，有時，我也會在這裡遇見銀髮聯誼會。這些老爺爺、老奶奶，可能是失婚，也可能喪偶，他們在這裡追求黃昏之戀，坐在花園裡，聽著爵士樂，喝點小酒，暢快聊天，回憶年輕時的遭遇，緬懷已逝的時光。更多時候，是爸爸媽媽帶著小孩，或是爺爺奶奶帶著孫子，從他們身上，我看見了關於「人生」無限多元的可能與希望。妳會深刻地體會到「孩子的青春是用父母的青春換來的」，對蒂沃麗的美好回憶，也這麼代代相傳，每一代，都把希望寄託在下一代。

記憶中，全家一起出門的時刻非常非常少。記得父親四十出頭歲時，公司終於配了一台自用車給他，雖然是一台很陽春的車，但父親很開心。尤其是每年要回花蓮時，全家人就這樣擠在一台汽車裡，沿途繞行鄰近的南迴公路或其他景點，當車子轉過山，來到海邊，我們就會下車去玩水。所以，每一年我都很期待寒暑假，那是唯一可以跟全家人一起去旅行的時候，一起暫別殘酷的、枯燥的「日常」，看見生命的美好。

年輕時，我覺得一個人的旅行很好，很自在。但年齡來到三十歲、四十歲，漸漸的，我開始想在旅途中跟人分享生命。在蒂沃麗，我察覺到自己眞正想要的，是個「家」，是「回家」。

與蒂沃麗牽連最深的，是丹麥文豪安徒生。孤獨的安徒生，也很喜歡來蒂沃麗，坐在中國劇場（The Pantomime Theatre）旁的長椅上，看著人群來來往往。從一八四三年開幕日開始，直到一八七五年，安徒生過世前幾個月爲止，三十多年的光陰，只要安徒生有空，他就會到蒂沃麗花園走走。當時的孩子們都知道，在蒂沃麗花園的某個角落，可以找到一位很會說故事的老先生。老先生的嘴裡一邊說著精采的故事，手上一邊來回翻弄著剪紙，當故事來到結局時，老先生總會先故弄玄虛一番，然後吹一口氣，將手邊的紙攤開來：看哪！芭蕾舞者圍繞著王子與少女，他們從此過著幸福快樂的生活！

這樣動人的回憶，只屬於哥本哈根，只屬於蒂沃麗花園。也難怪丹麥人說：「安徒生就是蒂沃麗花園，蒂沃麗花園就是安徒生。」基於這個理由，在一八六九年，安徒生六十五歲的前夕，哥本哈根的市議會通過了一項特殊的提案，打算在蒂沃麗花園內，爲這位全國上下都喜愛的作家樹立一座銅像。原本計畫形塑的是安徒生平常講故事的情景，並在安徒生銅像的膝下，或坐或臥地放置一群小朋友，讓他們以熱切的眼神，專注凝視著老先生的臉龐。

安徒生一聽到這項提案，大驚失色，連忙到市議會陳情：「蒂沃麗不是爲我設計的，它應該是屬於大家的，花園裡面，不應該放置我的銅像。」

但哥本哈根市議會仍堅持要爲安徒生塑像，由於這是送給安徒生的生日賀禮，安徒生也盛情難卻。市議會最後順從作家的意願，將銅像安置在市政廳與蒂沃麗花園中的馬路旁。安徒生的銅像側身而坐，微微抬起頭，以深情而安詳的眼神，將視線投注在花園的圍籬上，象徵安徒生與蒂沃麗密切的關係。而原本要放在作家膝下聽故事的小朋友雕像，則全部取消了（因爲安徒生認爲太做作、太矯情了）。

其實這樣的設計，更顯出安徒生人生的孤獨，他永遠只能寂寞地凝望著蒂沃麗，彷彿嚮往著家庭的歡笑而不可得。那帶著溫暖與感傷的身影，加強了他身爲旁觀者的疏離。終其一生，安徒生就像這座銅像一樣，永遠吸引人群的注意，被投以欽慕的眼光，但他也永遠是個局外人，是個來自外地的異鄉人，帶著遊子的飄泊，停駐在我們的眼底心中。

慧黠如妳，一定已經懂得，我要帶妳來蒂沃麗的理由了。

待在哥本哈根時，我喜歡在星期天的下午，輕鬆地在花園裡晃蕩，像安徒生一樣，在某棵樹下找個舒服的角落，靜靜地待著，看人來人往，直到華燈初上。在歡笑與溫暖之間，感受時間，緩緩地流向幸福，而這充滿笑語的時間之河，也即將流向這個有妳、有我的家。

TIVOLI

丹麥・歐登塞

安徒生的屏風——點亮夢想的小火光

在距離哥本哈根搭乘高鐵大約一個半小時的地方，有座名叫歐登塞（Odense）的小鎮，我曾在這裡遇見一位十四歲的少年。少年的微笑，溫柔而憂傷，他寂寞地坐在火爐前，靜靜地，剪下報紙上的人物圖像，貼在身旁的屏風上。

我想帶妳去拜訪這位少年。

他並不是我們這個時代的人，他生活在十九世紀。那個時代的歐登塞，既偏僻又荒涼，和繁華的首都哥本哈根相比，差異就像是台灣的後山小村和台北市那樣的懸殊。少年一心想去大城市闖蕩，憑著天賦的好歌喉，他想成為一位傑出的歌劇演員，在首都的舞台上發光發亮。

在出發之前，他的母親請來一名巫婆，爲兒子占卜吉凶：

「你會成爲一位偉人！」巫婆對少年說。

就在大家都露出難以置信的表情時，巫婆對少年的母親再次強調：

「歐登塞會爲他點起燦爛的燈彩！」

安徒生成長的小鎮

一八一九年，少年惴惴不安地懷著不甚堅定的信心，帶著微薄的十四克朗與一封介紹信，遠離家鄉，到遙遠的首都逐夢去了。

然而，少年的身材太高，身形太瘦，而且鼻子太大，外型並不討喜。雖然有著一副好嗓子，卻因爲青春期變聲而失去了站上舞台的機會。歷經種種嘲笑和蔑視，少年始終沒有放棄，即使薪資少得僅供餬口，他還是把有限的收入投注在學習上，唱歌、芭蕾、表演，只要能向舞台多靠近一步，他都盡力去做。甚至爲了能唱出字正腔圓的花式唱腔，還學過義大利文。

少年的努力終於被看見，有

幾位哥本哈根的文化界人士很同情他的處境，接濟他、提拔他，讓他在學校接受完整的教育。隨著基礎訓練的日漸扎實，認眞執著的少年也逐漸嶄露頭角，他就是漢斯・克里斯蒂安・安徒生（Hans Christian Andersen）。

在我心裡，安徒生是十九世紀浪漫主義最偉大的代表人物。妳知道嗎，安徒生不只是童話作家，他也是個時事評論人。更讓我欽佩的是，安徒生是個出色的旅行家，在那個火車並不普及的年代，安徒生就已經在歐洲各地漫遊，穿過德國、義大利、希臘，最遠甚至走到了君士坦丁堡！

他觀察世界的眼光，敏銳而犀利，但安徒生卻能用溫柔與寬容，來看待一切。

小學二年級的某一天，在某次家長與老師的課後座談會中，我聽見老師充滿擔憂與不解的語氣告訴母親：「妳的兒子，腦袋有點古怪！好像……有東西塞在裡面……」這句話，就好像告訴大家我很笨，連最基本的左右上下都分不清楚。

那個時候，台灣並沒有「認知障礙」或是「學習障礙」這類的概念，我總以爲自己和別人不一樣的原因，是因爲「笨」，這件事，讓我成長的過程中很自卑。少年安徒生來到了哥本哈根，也在同樣的困頓及自慚形穢中茁壯。

早年的安徒生爲了在哥本哈根的劇場生存下來，曾經試著寫過劇本，卻被劇場界的老前輩退了稿，大家冷言冷語地挖苦他：「這根本就不適合劇場！」「連母語的知識都缺乏！」「你應該回學校接受基本教育！」年紀輕輕的安徒生，就在哥本哈根嘗盡了人情冷暖，也看遍了世態炎涼。他寫了一首詩，其中道盡了在異地求生的煎熬：

媽媽，我真累，昏沉沉，
讓我靠著您的胸脯打個盹兒；
別哭泣，媽媽，您得聽我的話，
因為您的淚會燙著我的雙頰，
這裡陰森森的，外面狂風陣陣，
可是我在夢中，卻看到那樣如畫的美景，
每當我闔上眼，就有甜蜜的小天使前來和我親近。

媽媽，您可看到，天使就在我的身旁？
您可聽到，那從天堂傳來美妙的音樂？
瞧！祂那一雙翅膀多麼潔白！多麼漂亮！
……

我是不是也可以長出翅膀飛翔！
還是，媽媽！得等我死後才能如願以償？

您為什麼把我的手捏得那麼緊？
您為什麼把您的臉與我貼得那樣近？
您的臉滿是汗水與淚水，卻又是那樣的滾燙！
媽媽！我永遠是屬於您的！
您若哭泣，我也會跟著您哽咽的，
媽媽！我真的好累——我要閉上眼睛，
媽媽！您看，天使在床頭等著我！

——《垂死的孩子》

我還記得，前往歐登塞的火車越過了霧濛濛的北海，潮濕的空氣中，漾著些許清寂。前一天，我去拜訪了哥本哈根的邱吉爾公園。公園內的美人魚青銅雕像（Den Lille Havfrue），身世就和創作她的安徒生一樣命運多舛：被「藝術家們」惡意地砍下頭、鋸斷手臂；用炸藥將她從岩石基座上炸入大海；披上穆斯林婦女的面紗與長袍。儘管如此，依然無損美人魚在我們心中既脆弱又永恆的形象。

現在，太陽從海裡升起來了。陽光柔和地，溫柔地照在冰冷的泡沫上，小美人魚並沒有感到毀滅……

「我將向誰走去呢？」

「到天空那兒去吧！」

「人魚沒有不滅的靈魂，而且永遠不會擁有那樣的靈魂，除非，她獲得了一個凡人的愛情……」

安徒生筆下的美人魚，就是他自我靈魂與情感的投射。故事發生在謎樣的海洋世界，海洋是一切神秘與生命的源起，也是安徒生面對茫茫人海的心境，王子與人魚公主的奇遇，挹注了安徒生對愛情的浪漫憧憬。但是，理想的幻滅是成長的開始，在故事的最後，安徒生淒惻地寫著：

人魚公主向上帝的太陽舉起光亮的手臂祈禱，第一次流下眼淚……

安徒生式的童話故事，總縈繞著某種難以言喻的孤獨，某種外人無法理解的寂寞，無論是《賣火柴的女孩》《海的女兒》《醜小鴨》，從《拇指姑娘》到《小錫兵》，每個故事都好哀傷、好淒涼。

十九世紀的丹麥，因爲小冰河期的緣故，即使夏天也非常寒冷，家家戶戶最重要的設備就是火爐。在火爐前通常會放著一座屏風，用來阻擋熱氣散失。歐登塞的安徒生博物館，就是安徒生的故居，一座典型的、十九世紀中下階級的民居。小小的屋子裡，精心布置成安徒生生前日常起居的模樣，一樓的火爐旁，

放著安徒生晚年臥病的床蓆，以及一座屏風。二樓則陳列著安徒生的剪紙作品，那是他用來說故事的道具。

關於安徒生的生平，我最喜歡的一段，就是他一邊給孩子們講著故事，手裡一邊剪著紙。這位從小就以舞台爲夢想的表演者，在街頭與劇場，練就了一身說故事的好功夫。他總能與故事中的角色合而爲一，唱作俱佳，隨著情節的需要，開心時咧嘴大笑，說到傷心處，也會流下同情的淚水。爲了讓故事的情境更鮮明，還能做出陰沉沉的怪聲，讓聽衆毛骨悚然；隨著故事情節的跌宕起伏，也會唱唱跳跳地，讓全場氣氛變得熱鬧又歡欣。當故事就要來到結局，他還會故意突然停住，全場也隨之屏息，此時，安徒生就小心翼翼地，將剪紙揭開，有時還會故弄玄虛地對著紙吹一口氣，故事的結局就這樣神奇地在大家眼前展開。

他是個這麼熱愛表演的人，卻無法坦率地向世界表達自己的想法。在看到他床前的屏風之後，我才體悟到這件事。

安徒生的童話作品在哥本哈根的報紙上連載時，轟動了整個歐洲。在其他地區，只要聽說有船從哥本哈根過來，就會有人跑到碼頭上，急切地詢問：「安徒生

安徒生常一邊講故事，一邊剪著紙。

又寫了什麼新故事？」安徒生的名氣越來越大，他創造的故事在世界各地也備受歡迎。離家四十八年後的某一天，歐登塞市政委員會寫了一封信給安徒生，委員們一致推選他爲歐登塞的榮譽市民，在一八六七年的十二月六日，歐登塞市民爲安徒生舉辦了一場空前隆重的典禮，將榮譽市民證書頒給了安徒生，巫婆的預言成眞。

安徒生在自傳中也認爲這是他一生中最光榮的時刻，但名利雙收、享譽世界，並不是安徒生最在意的事情。自始至終，他的自卑與孤獨，與十四歲離家時的狀態，並沒有什麼不同，他一直覺得，自己配不上這個世界。

安徒生的一生中，每一段戀情都無法開花結果。他總是愛上無法回應他的人，一如人魚公主，奉獻、守候、關心，卻無法鼓起勇氣表露心跡。他很害羞，也害怕受傷，即使最後終於寫了信說明自己的情感，也已經錯過了彼此。

一封又一封的長信，滿載著安徒生對所愛之人的訴說，訴說他的所見所感，唯獨不說破自己的情思。我也是這樣的，寫著一封又一封的長信，寄給遠方的妳。寄託著的，是妳的明白，明白那些我沒有明說的心思。

安徒生的心思，都隱入了他筆下的童話中。人魚公主因爲王子不愛她，最終化成了泡沫；跛腳的小錫兵歷盡滄桑，只爲了守望美麗的舞者。儘管愛情是個縹緲的夢，安徒生還是堅定地相信，堅定地付出，直到再也無法望見對方的身影。

一八七三年，可怕的病痛讓安徒生再也無力執筆創作，在給好朋友的信中，他痛苦地寫道：「我的使命，是在紙上寫下文字……但是最近我已無以爲繼了……繆思的女神似乎遺忘了我。」

在病榻纏綿的安徒生，想到了用剪貼裝飾那幅四扇屏風。一開始是無意識的，接著，安徒生請他的朋友爲他蒐集圖畫：出版商里澤爾送給他很多銅版畫和英國的畫報；皇家攝影師漢森送給他一百五十張丹麥男女名人的照片；許多朋友送給他德

（上）空前隆重的典禮，將榮譽市民證書頒給安徒生，巫婆的預言成真。

（下）病榻前，充滿期盼與幻想的屏風。

國的畫報和丹麥的《圖畫時報》，以及各種各樣的圖片——船票、火車票、廣告、葡萄酒標、郵票、地圖。安徒生用了上千張圖畫、剪紙，貼滿了四扇屏風的八個立面，總面積高達五平方公尺。每個立面都有不同的主題，分別是：童年、劇院、丹麥、瑞典和挪威、德國與奧地利、法國、英國和東方。

屏風反映的是安徒生對世界的理解、對理想生活的期盼。那貼得滿滿的褪色圖畫，一張挨一張地融合在一起，彷彿還被人群圍繞著，彷彿還跟世界對話著，它們相互銜接，像是一個沒有盡頭的夢，永遠不會結束的故事，充滿了天馬行空的幻想與流動的生命力。

最後，安徒生還是一個人，蒼老的，瘦弱的，高大的身子蜷在火爐邊，讓屏風阻絕北歐苦寒的天與地，就著火光，將報紙雜誌上的圖片剪下，貼在屏風上。就像《賣火柴的小女孩》，這座屏風包圍著的小小世界，被火光點亮了溫暖與希望，也是安徒生最自在的歸屬。而屏風所展現的天真、溫柔、易感，滿懷著對世界的眷戀，讓我看見了十四歲離家時的那個少年，從未改變。

德國・不來梅

到不來梅當個樂師吧——小人物狂想曲

還記得小時候讀過的《格林童話》嗎？大人們為了讓孩子把叮嚀放在心上，將人生在世可能遭遇的種種危險與應對方法，轉化成了許許多多的故事，比方「不要跟陌生人說話」，就成了《小紅帽》；「不要吃來路不明的食物」，就成了《糖果屋》。格林兄弟這兩個語言學家，在完成了現代德語辭典之後，陸陸續續，將家鄉附近的民間故事，蒐集、整理成《適合全家大小閱讀的德國民間童話與宗教故事集》，以現代德語寫成，讓孩子們在聽故事的時候，也學習到正確的語文。這套書因為書名太長，後來被改成《兒童與家庭故事集》，也就是我們所說的《格林童話》，不但暢銷全球，格林兄弟與童話，也成了德國的驕傲。

我喜歡故事。各式各樣的故事，帶著我，看見這個曲曲折折的世界。一個故事就是一場夢境，進入故事之中，就可以暫時拋下枯燥、無聊的現實生活。

於是，我沿著童話大道，來到了不來梅。不來梅位於德國的西北端，座落於威悉河畔。這裡是童話大道的盡頭，是故事的邊疆，夢境與現實交會的城市。一千

《格林童話》前身：《兒童與家庭故事集》

兩百多年前，爲了感召北歐尚未受文明開化的日耳曼人，法蘭克王國的查理大帝（Charlemagne）把不來梅設爲主教區，並修建了大教堂，這是不來梅在歷史舞台上的初登場。

然而，不來梅並沒有因此成爲神恩浩蕩、聖靈充滿的宗教重鎮，由於地理位置優越，北海沿岸及主要河流上游的商船都得在此停歇，它迅速地發展成貿易轉運站，半個歐洲的經濟命脈，就掌握在這群佛里斯蘭商人的手中，成爲著名的「漢撒同盟」（Hanseatic League）的一分子。

不來梅市政廳逃過二戰砲火，仍舊保留原始面貌。

一千年前，漢撒同盟支配了北海與波羅的海的「錢流」，五百多座港口與城市共同締約，不來梅，漢堡、呂貝克、哥本哈根、里加、布魯日及倫敦……都是同盟都市的一部分。住在這些地區的人被稱爲「漢撒人」，形成特殊的文化風俗。漢撒人的精神包括了：勇敢向大海挑戰的冒險精神、見過大風大浪的世故、一言九鼎的可靠、頂天立地的正直、不動聲色的內斂，以及自我嘲諷的幽默。在中古時代，「漢撒精神」還包括了與貴族平起平坐的自信與能力。

妳可以想像漢撒人的自信與堅毅，如何在歐洲貴族所象徵的精緻優雅面前，顯得不卑不亢，這種精神在不來梅也體現無遺。

不來梅是一座港口城市，和我生長的南方港都一樣，被認爲是「文化沙漠」。許多人離開了家園，棄農經商，在此落地生根。才沒幾年的時間，不來梅就變成了一個亂七八糟的地方，於是就有人說：「不來梅哪是個城啊？它只是座很大的村莊而已囉！」任何人都可以在不來梅找到工作，這裡對弱者的包容與同情令人驚奇又佩服。中世紀沒有污水和廢棄物處理系統，家家戶戶的穢物和垃圾，一律往街上倒，因此中世紀城市的街道總是又臭又髒。不來梅會雇用先天生理、心理有缺陷的人，擔任街道的清掃者，或是單純指令就可以完成的工作。在不來梅，所有因「無用」而被排除在社會主流之外的邊緣人，都可以在此安身立命。每個人來到這裡，都會想：像我這樣沒用的傢伙，應該也可以在不來梅找到謀生的方法吧？

文化水平低落、滿城都是富裕的商人，成就了一句充滿諷刺的俗諺：「到不來梅當樂師。」因爲沒有競爭者，只要站在那裡胡亂演奏點什麼，經過的人就會把錢放進表演者身前的罐子裡，日子就可以過下去。

我抬頭仰望壯觀的舊市政廳，這座古老的建築物勉強逃過了二戰砲火猛烈的轟炸，是德國境內唯一一座保留著原始面貌的市政廳。融合了十五世紀初期的國際歌德風格與北方文藝復興形式，不來梅舊市政廳獨特的歷史價值，讓它在二〇〇四年被UNESCO登入世界文化遺產名錄。舊市政廳的右側是高大莊嚴的聖母院，正前方則是文藝復興風格的不來梅商會大廈（Schütting），商會大門上方的石楣，刻著城市的格言：

Buten un Binnen（外在與內在）

Wagen un Winnen（冒險與勝利）

不來梅的城市格言，很能夠代表此地樂觀昂揚的市民精神。

在不來梅舊市政廳的左後方，立著一支特殊的「不來梅樂隊」：驢子背上馱著老狗，老狗的背上是隻貓，貓的背上還站著老公雞。驢子的前腳被摸得亮亮的，不來梅人相信，只要摸摸驢子的腳，就可以招來好運哦！

這支奇妙的動物樂隊，來自一則小人物的狂想：

很久很久以前，有位農夫養了一頭驢，這頭驢子經年累月地爲主人殷殷切切地工作，把一袋又一袋的穀子馱到磨坊，背上沉重的推磨，將結實的麥穀碾成麵粉，最後再把處理好的麥子從磨坊馱到市集。這樣的工作日復一日，年復一年，漸漸地，驢子的年紀大了，工作時總是使不上力，牠的主人便不想再餵養牠了。驢子知

不來梅商會大廈門口上方的石楣

不來梅的樂師

道後很傷心，就逃了出去。驢子一路向北走，心想：到了不來梅，我還可以當個樂師……

推磨的驢子、追捕的獵狗、看守倉庫的老貓和老公雞，一起逃離了原本安穩平淡的生活，一路流浪。這群奇怪的組合，就在前往不來梅的路上，發現了一間森林小屋，裡頭有一群強盜正在大吃大喝，享受他們的不義之財。這四隻動物一個站在另一個的背上，牠們決定唱首歌，看看能不能換來飽餐一頓。可是，牠們的「音樂」得到了意料之外的效果，強盜們聽到這恐怖的聲音驚得都站了起來，以爲是鬼魂要進來了，嚇得紛紛逃進森林裡去。這時，四個伙伴走進到屋子，好像一個月沒進食似地狼吞虎嚥了起來。吃飽喝足，走了一整天、精疲力竭的動物們，決定在屋裡過夜。

午夜一過，強盜們又摸回到小屋，並派最菜的小弟進屋檢查。屋子裡一片漆黑，強盜看到了老貓的眼睛在黑暗中發亮，他以為那是火炭，湊上前去想拿一根火柴點火。這時候，受到驚嚇們的動物都叫了起來，老貓用爪子抓花了強盜的臉，後門的老狗躍起來咬住強盜的大腿，院子裡的驢子則用後腿狠狠給他一踹，最後，公雞站在梁上大聲地鳴叫，強盜就這樣連滾帶爬地逃了出去。

逃出來的強盜小弟，報告他的頭兒說：「啊！不得了了！屋子裡坐著一個可怕的巫婆，衝著我哈氣（很噁心），還有長長的指甲抓我（很恐怖），有一個黑黑的巨人用棍子打我（很痛），還有一隻老虎用牙齒咬我，更可怕的，是有個魔鬼對著我耳朵尖叫。我只好逃了出來！」

強盜們只好放棄了小屋，從此不敢回來。動物們也很愉快地住在裡面，哪兒都

牠們還有落款呢！

不想去啦，從此過著幸福又快樂的生活。

這個傳說被來自哈瑙的格林兄弟收進了童話集中，成爲家喻戶曉的故事。雖然這四個動物伙伴，始終沒有抵達不來梅，不來梅的居民可是惦記著這件事，多年以後，爲牠們完成了這個小小的心願。就在不來梅舊城中心的市集廣場旁，一個充滿童稚幻想的驚喜，正等待著我們去發掘。

童話是不是都是虛構的呢？童話的結局，在現實生活中會不會實現呢？這是個好問題。從不來梅開始，我四處探訪童話背後的眞實，是神話的隱喩？還是歷史的象徵？我打算用一輩子的時間來告訴妳，現實生活中的種種人、事、物，結局也許可以像書裡寫得那麼美好。即使自己沒辦法完成，執著生命理想的純眞，的確是可以打動世界、打動人心的。

一如最後，善良的不來梅人爲驢子與伙伴們做了這座雕像，告訴我們：

只要記得最初的純眞

生活

或許也可以像童話故事結局一樣美好

Happy Ever After

葡萄牙・里斯本

老里斯本的電車——時鐘之外

坐在里斯本的老電車中，彷彿遁入了一場悠緩、綿長的夢境。電車的聲響，就像是心律調整器一般，讓焦躁失速的心跳，隨著電車空隆、空隆的聲音，逐漸慢了下來。

在這裡，緩慢，是一種情調，一種我們已經遺忘的情調。

黃色的老電車如此輕巧簡單，木構的車身裹著鐵皮，人坐在車裡，卻又與外界保持著微妙的連結。海風徐徐吹來，陽光灑落，大西洋的海，閃爍著溫暖的光。電車在古老的街區中緩慢巡行，優雅地穿過大街小巷，比走路稍快，卻又比奔跑悠哉。人們經過電車，不用等電車靠站，隨時可以跳上車來，在循環線中，隨著山城的起伏，或上或下。

平靜的海波柔化了陽光，儘管是正午，也不讓人覺得熾熱。柔軟的光線拂過舊城區，映照著數不清的紅瓦白牆，竟散發絲綢般細膩、溫婉的光澤。這裡的巷弄坡道如同迷宮，在其中來回穿梭，上上下下都是台階：石堆的、瓦砌的、拜占庭的、摩爾人的、次大陸的，當然，也有專屬於葡萄牙的藍彩瓷磚。

七、八歲的孩子們追逐著老電車，笑著鬧著。我問他們，爲什麼要追著電車跑呢？

「開心。」

「電車上的人會跟我們拍照、對我們揮手。」

在這裡，緩慢是一種我們已經遺忘的情調。

爸爸媽媽呢？

「不在家，晚上才回來。」

「爸爸媽媽不笑。」

現在的里斯本很窮，經濟的重擔壓在大人的肩上，工作不穩定，常常不在家。在孩子們的世界裡，會對他們展露笑顏的，只有電車上的觀光客。望著碧藍色的海，我想像著十六世紀，從這裡出發的艦隊意氣昂揚，越過驚濤駭浪，席捲全球，和西班牙分庭抗禮，將全世界的大海一分爲二。這個半島曾經一統宇內、富麗堂皇，如今，只留下燦爛後的滄桑。這座古老的城市，以一派世故而又出世的悠然，靜觀外界的紛擾。

聽說，自從大航海時代最後一位英明聖王塞巴斯蒂昂一世（Sebastião）在北非大漠失蹤後，里斯本就陷入了漫長的沉睡，再也沒有醒過來。那已經是一五七八年的事了，大家都說，里斯本從此沒落了四百年。但是，四百年來的貧窮困頓，仍然讓這座城市繼續耽溺在美好而又眞摯的夢裡。

相較於歐洲其他國際性的大都會，里斯本不僅顯得小巧玲瓏，處處透著質樸的古雅風韻，還蘊涵著海洋的澎湃。一點點憂鬱、一點點善感，但從不矯揉造作，總有明亮的藍色，在生活中跳動。里斯本的天空蔚藍透明，漾著安之若素的從容，似乎，沒有什麼可以讓里斯本人驚訝失態，天塌下來，也不過如此。

沉睡在歷史中的里斯本舊城，沿著陡斜的山勢而建，有些地方的房舍幾乎是垂直立於山壁之前，令人匪夷所思。錯綜的老房子和巷道，幾乎是一層又一層地疊造上去，下戶人家的天台就是上戶住宅的前院。乘著電車穿梭其間，可以看見這家的媽媽在打小孩、那家的爺爺在陽光下打盹，石板街道上上下下，將山城的悲歡離合串聯起來，漫遊其中，咫尺之外就是歡笑與淚水，稍微踮踮腳尖，還可以窺探窗內隱藏的心事。

從某個角度來說，里斯本，是我見過最美麗的都市之一。這裡難得看見現代化的摩天大樓，安貧的民風，讓金錢在此失去了跋扈的理由。唯一透露著觀光氣氛的，大概就是那條開著露天咖啡座和餐廳的中央大街了。

在歐洲，很少能碰上像里斯本人這麼安靜、不慌不忙的人群。街上到處可見天生俊美的男女，他們風度優雅，懂得美麗，懂得享受每一個片刻。在世界上的其他角落，雖然也有類似的美麗，但都太匆忙，太慌張了，匆促的腳步讓享受打了折扣。唯有在里斯本，才能享受這種緩慢的情調，感受時光流逝的美。

我想跟妳分享，原來世界上有著這樣的一個地方，讓人記起，我們該用什麼樣的節奏來面對生活。妳一定有過這樣的經驗：握著汽車的方向盤，當車子緩慢前進，妳所看見的視野是開闊的，可以看見各式各樣有趣的細節；當車子的速度越來越快，妳注視著的風景也就逐漸限縮，只能關注前方的一小片方寸。

我們在台北時，就是在這樣高速的運轉與衝刺中，失去了生活原本應有的節奏。讓我覺得有點悲哀的是，竟然要遠行來到里斯本，才能體會到這件事。

里斯本讓我想起童年。

擔任列車長的爺爺，總帶著我去搭火車，在火車的駕駛室向外望，周遭的風景流動變幻，我深深愛上了這種慢速的移動感——穩穩的、微微的搖晃，從這裡到那裡，移動的過程本身，就是最有樂趣的事。

走過那麼多地方，我還是很不喜歡搭飛機。飛機是個密閉的艙，在極短的時間內完成了空間切換，妳不知道自己經過了哪些地方，錯過了什麼樣的萬水千山，也無法體會到時間流變的滄桑、美好。

對於愛戀自由的我來說，這裡的陽光、巷弄、窗台、門帷，在在都散發著只存在於童年記憶的懷舊氣息，某種古老悠閒的生活節奏。有時，電車到站稍停，司機就這麼信步踱下車廂，到一旁喝杯咖啡，而全車的乘客就這麼安適地等著，沒有人趕時間。

「趕時間」在里斯本是不存在的。這裡的鬧鐘賣得特別好，並不是因爲大家都很重視時間效率，而是因爲無論調了多少個鬧鐘，他們還是習慣對鬧鈴充耳不聞，這種特性眞是可愛。我是很討厭鬧鐘的，鬧鈴多粗魯啊！硬生生地打斷了甜美的睡眠，我覺得那樣很暴力、很無禮。

從睡眠到清醒的過程，應該是徐緩的，像是清晨的第一道曙光，柔柔地喚醒這個世界。

如果說里斯本是一首交響詩，每一條電車的路線，就是不同的樂器，而層疊起伏的山巒，就是樂句的旋律；更貼切的，是這座城市的民謠「法朵」（Fado），哀婉

深情的悲歌，醇厚的憂傷直沁臟腑，令人低迴，令人心醉。「法朵」的歌聲有點江蕙的味道，充滿了情感，對逝去的美好時光充滿了懷念與追想。有人說，「法朵」就是葡萄牙的靈魂，而里斯本，就是「法朵」的故鄉。

有時在夜裡，搭著老電車晃晃悠悠，沐著月光，聽著街巷裡時而飄來的「法朵」，一切都是這麼美、這麼迷人。儘管這座城市已經不再繁華，處處顯著破舊，但里斯本人依舊安然地接受這個現實，依照自己的方式，生活在其中。儘管外面的世界喧鬧著、急迫地追求觀光發展，里斯本人也知道得做這件事，但即使追趕，也還是保持著自己的步伐。

平穩、安適的節奏，是心跳原來的節奏，也是生活原本應有的節奏。我們是否可能，一起踩著這樣的節奏，舒緩前行？

俄羅斯・莫斯科

莫斯科的地下宮殿——不見天日的自由

我只知道每當我到了地底下，就覺得自由自在，無拘無束。

——卡列斯基

妳說，想看看克里姆林宮，還想看看聖巴西爾大教堂帶著魔幻色彩的洋蔥頭圓頂。

我終於來到這裡，站在妳所嚮往的克里姆林前。這裡是莫斯科歷史薈萃之處，後頭就是紅場，沿著石板道走到盡頭，則是俄羅斯國家歷史博物館。

放眼望去，莫斯科街頭彷若中國春運般驚悚、令人絕望，來自四面八方的車輛全都塞在八線道上，動彈不得。國土總面積一千七百零七萬五千兩百平方公里的俄羅斯，竟然有超過全國十分之一的人口擠在這兩千五百平方公里的城市裡，難怪，這座古城會成爲交通煉獄。

有人形容，現在堵在莫斯科的車陣，就好像一九八〇年代在國營店鋪中等待麵

全球最快、最深，也最驚悚的電動手扶梯。

包般令人沮喪。有很長的一段歲月，「等待」就是蘇維埃生活的同義詞，買車的人得先登記，等個十多年，最後拿到的，也只是一輛款式過時又問題重重的拉達（Lada）國民車。蘇聯解體後十年，俄羅斯的經濟終於有了轉機，現在，只要帶著信用卡走進閃亮的新車展示中心，十多分鐘後，任何人都可以拉風上路。

突然解禁的結果，就是造成路面交通的癱瘓。爲了躲開地面上的重重窒礙，我遁入地下，進入這座華美絕倫的地下宮殿。

隨著群眾的腳步走向國家博物館後的地鐵站入口，我向博物館高聳的紅磚尖塔告別，尖塔上，帝國金鷹正在陽光下閃爍著耀眼的光芒。在獵戶商行站（Okhotny Ryad）的玻璃售票亭買了車票後，第一個挑戰，就是像雲霄飛車一樣的電動手扶梯。莫斯科擁有全球最快、最深，也最驚悚的電動手扶梯，以勝利廣場站（Park Pobedy）爲例，這座世界上最深的地鐵站，深入地底八十四公尺（大概三十二層樓），電扶梯總長一百二十六公尺，階數爲七百四十級，得老老實實地搭上三分鐘，才到得了地底。飛快的輸送速度，往往讓初來乍到的乘客嚇得不敢直視，趕緊轉過身去。莫斯科的朋友告訴我：「這是辨認本地人與外地人最好的方式。」

莫斯科地鐵是地球上轉運量第四大的捷運系統（僅次於東京、首爾與北京），平常時段的載客量就有七百萬人次，在例假日的尖峰時刻，更高達九百二十七萬人次，一年的總轉運更在二十三億九千萬人次之多（台北捷運一年總轉運量約爲六億六百萬人次），這個數字還在逐年增長。想參觀蘇維埃的地下宮殿，心中先要有個底，在任何時段，乘車的旅客從來就不會少。

許多受夠市區地面交通的人們，來到地鐵站後，都會感到輕鬆愉快。獵戶商行站位於索科利尼基線（Sokolnicheskaya Line），這條被稱爲一號線的地鐵，是莫斯科第一條通行的地下輸脈。

在這裡，我感受到「集體」的力量。

從埃及路克索巨大的拉美西斯二世石像、伊斯坦堡國家博物館裡刻有亞歷山大大帝頭像的銀幣、阿爾欽博托（Giuseppe Arcimboldo）筆下水果臉孔的魯道夫二世、到台北故宮博物院珍藏的乾隆畫像，在歷史悠遠漫長的源流中，統治者的影像，以不同形式進到人民的生活，無論是「朕」也好，「寡人」也罷，世界圍繞著某個「我」，一個萬人之上的「我」主宰著一切。直到一八七一年，一種新意識型態出現，以「我們」取代了「我」。共產主義，是向無產階級應許的理想未來，一波波的「運動」總洋溢著充沛能量與生產力。從巴黎公社失敗的左翼運動，到一九一七年的十月革命，無產階級高舉著紅色旗幟，爲接下來將近一世紀的風暴，拉下鐵幕。

索科利尼基線就是「我們」締造的奇蹟。從十幾名工人用圓鍬與丁字鎬敲敲打打開始，到數以萬計的共青團前仆後繼地湧向工地。一九三三年總動員時，同時有七萬四千名青年志工在地底下勞動，這些志工平均年齡只有二十三歲。爲了偉大祖國的榮耀，這群年輕人每天只吃兩餐（食物配額總計只有三百五十克），夜以繼日地埋首苦幹。終於在一九三五年，連外國媒體都想像不到，索科利尼基線成爲俄羅斯第一條開通的地鐵線。在峻工之日，每個參與建設的男女都領到一張地鐵票，可以免費搭乘一次，這算是政府回饋年輕人奉獻青春的方式。

相較於世界各地同期完工的地鐵系統，索科利尼基線具有強烈的結構主義（Constructivism）色彩。蘇維埃結構主義是一種獨立於自然與社會之外的機械美學，以幾何形體、對稱嚴謹的空間、統一的色彩與素材，建立不含情感元素，純數學化的秩序美感。這種由畫家馬列維奇（Kazimir Malevich）引進、脫胎自畢卡索立體派精神的結構主義，是二〇年代最受蘇聯當局青睞的藝術形式，因爲結構主義被認爲最能夠代表政府權威，與無產階級無限向上能量的最佳典範。儘管它所代表的政治意圖十分明確，就某個程度上，我喜歡它純粹的視覺美感，從地板到天井，從牆面到廊柱，全都是使用高加索白色純淨的大理石所構成，工整中透著冷冽。結構主義預示了喬治・歐威爾小說《一九八四》裡老大哥式（Big Brother）極權的誕生，令人不寒而慄。

莫斯科地鐵系統的核心，是由一九五〇年代所完成的環狀線（Koltsevaya Line）所構成。根據一個不可靠的傳說，當年史達林在首都開發計畫會議中，將咖啡杯放在莫斯科的交通藍圖上，結果杯底的圓形污漬就成了環狀線的執行命令。無論如何，這條由赫魯雪夫主持、推動的環狀線，註定要成爲藝術史上的「異數」。從索科利尼基線，可以經由文化公園站（Park Kultury）或共青團站（Komsomolskaya）轉接環狀線，一一探訪這座地下宮殿最精華的奇觀。

我很喜歡環狀線。彷彿永無止盡般，一站站地移動，可以坐在裡頭，一個人靜靜地想事情。移動的車廂，總讓我想起爺爺工作的火車，從這一站到那一站，開過去又開回來，年幼的我很享受這種位置的變化。對「移動」的迷戀，也一直是我旅行的原點。莫斯科的環狀線，最特別的地方是，它所經過的每個站，組成了這座舉世無雙的藝術寶庫，這座寶庫可以用四個字來精準形容：「好大喜功」，我喜歡將這種風格表現稱爲「史達林巴洛克」（Stalinist Baroque）。

基輔站（Kiyevskaya）就是其中的代表。一進到地鐵站，就會被華麗精緻的馬賽克所吸引，這十八幀史詩壁畫，主題是俄羅斯與烏克蘭之間的民族情誼。故事從一六五四年象徵族群融合的佩列亞斯拉夫會議開始，普希金的詩《致西伯利亞的囚徒》、列寧創辦《火星報》，以蘇維埃社會主義共和國聯邦的團結繁榮做結，每一幀都營造出和諧的虛幻影像。基輔站中央走廊的盡頭，列寧倨傲的半身像就放在鮮黃旗幟的盾形紋章中。俄羅斯與烏克蘭的關係一向微妙而緊張，二十世紀前葉，烏克蘭都在內戰、貧困、久旱與饑饉中翻滾掙扎。基輔站準巴洛克式的裝飾，無疑是一種政治謊言，但它所鋪陳的氛圍，很難不讓人沉浸在民族主義的神話之中。

以運動休閒爲主題的文化公園站，在八角形的哥德式肋拱穹頂下，純白的中央大廳賦予空間窗明几淨的感受，牆上一系列模仿古希臘大理石浮雕的青年主題，傳達了安憩的田園氣息。青年們悠然愉快地唱歌、跳舞、打球、下棋……是陶淵明〈桃花源記〉的社會主義版本。類似的還有十月革命站（Oktyabrskaya），只是把牧歌情調轉換

基輔站裡的精緻馬賽克

共青團站

爲對紅軍士兵犧牲奮戰的讚頌。

新城站（Novoslobodskaya）是另類的風格實驗，三位來自拉脫維亞的年輕藝術家，使用彩繪玻璃與金屬構件，塑造出人們渴望的心靈生活。原本在教堂內神聖的光化爲對藝術的吟誦：畫家昂然地舉起筆，畫下對未來生活的期盼；音樂家身著晚禮服，慎重其事地演奏；詩人全神貫注地閱讀手上的詩稿。一時之間，讓人有置身於藝術中心的錯覺。

共青團站的神聖莊嚴，總是讓旅行者深受震懾。俄羅斯民族爭取獨立與自由的千年歷史，透過八幅碩大無朋的馬賽克天棚鑲嵌畫來演繹，講述著從亞歷山大・涅夫斯基（Alexander Nevsky）擊敗條頓騎士團的冰湖之役、從蒙古人手中奪回主權的庫里科沃之役（Battle of Kulikovo）、柴可夫斯基在《一八一二序曲》所描寫的博羅金諾之戰（Battle of Borodino），最後是一九四五年，蘇聯紅軍在列寧陵墓前投擲代表敗戰的第三帝國的納粹軍旗。光是最後這一幅，就用去了總重三公噸、合計三百萬片的馬賽克碎片。一個個都被設計在洛可可畫框中，華麗而從容。

當初共青團站的總規畫師，卡岡諾維奇曾說過：要把藝術從貴族的宮殿帶入尋常百姓家，每個人在日常生活中都可以欣賞藝術、擁有「美」的感受。如此誇張而精緻的表現，不僅傳達了蘇維埃政治正確的藝術觀點，更透過它對無產階級進行潛移默化。我仰望著環繞四周的金色國徽，在旭日照耀的地球上，飽滿的麥穗包圍著象徵無產階級的鐮刀與鐵鎚；畫面正中央是代表最高權威的紅星，正是國家向人民發出無聲但有力的號召。

最後，我來到了馬雅科夫斯基站（Mayakovskaya），站名源自於前蘇聯未來派詩人馬雅科夫斯基（Vladimir Mayakovsky），他曾經在十月革命後以詩作歌頌革命，同時也認爲戰爭是最終的藝術形式，藝術家最終要與現實結合。馬雅科夫斯基對俄羅斯的未來懷有強烈而浪漫的憧憬，後來因爲情場失意與對史達林的失望，在一九三〇年舉槍自殺，過世時才三十六歲。這裡曾多次被選爲全球最美地鐵站，設計師德涅卡（Aleksandr Deyneka），將東正教聖像畫（Icon）的崇敬帶到地下，化成永恆的背景。三十五座天井穹頂覆蓋著中央大廳，以「蘇維埃人民的一天」為主題，每個穹頂都以細膩的馬賽克，鑲嵌出一幅幅浪漫的天空想像：孩子們拿著紙飛機追逐夢想、凌空躍下水池的青年男女、向日葵在風中綻放搖曳、展翅的海鷗在天空盤桓飛翔、蘇聯空軍鐵翼掠過克里姆林、飛躍樹梢的滑雪選手，每個細節都讓人驚喜嗟歎。在四十公尺的地下仰望天空，感受很奇妙。

認眞地搭一趟環狀線，在這些敘事風格迥異的地鐵站流連，就可以輕鬆拜訪這座史達林風格的地下羅浮宮。地鐵站裡的石雕、馬賽克、繪畫、金屬塑像，都表現出我們對美好生活的熱切冀盼。人們總是將未來寄託在政客手上，這些政客用華而不實的空中樓閣，天馬行空地描繪偉大的願景，可惜最終只是一場又一場醒不過來的惡夢。

回到地表，北國的陽光刺得我睜不開眼。今天的莫斯科地下鐵，已成爲舊時代的回憶，集體主義的主教座堂。在這裡，藝術由全民所共享，是日常生活的一部分，只要我們厭倦了市區擁擠混亂的不堪，隨時都可以隱遁到地底下的藝術宮殿，遁入往昔的繁華夢境之中。

或許，在莫斯科，只有這裡是自由的。

馬雅科夫斯基站

比利時・布魯塞爾

人類激情聖殿——以死歌頌

妳說，好想逃離生活的一切。

妳說，日復一日地上班、下班，規律而枯燥生活讓妳窒息，索然無味的瑣細雜務，將生活切割得支離破碎，日復一日雜沓而來的紛擾情緒，消磨了我們對生活的熱情。

我常在想，「激情」，是什麼呢？是充滿熱忱，積極地享受這個世界？還是有更深沉的意境呢？或者，是人類靈魂底層的「欲望」，在推動著一切呢？

追逐也好，逃離也罷，我曾經離開習以爲常的生活，走進生命的未知蠻荒，探索屬於自己的理想與激情。

記得，在珠穆朗瑪的攀登基地營，我終日對著八、八四八公尺的峰頂想望，嚮往它遺世獨立的昂首孤傲；某天在印度，我迷失在孟買嘈雜喧囂的街井巷弄之間，在焦慮與興奮之間天人交戰；曾經爲了目睹極光而感動落淚，也曾爲了流浪在風沙星塵的撒哈拉中，見到一線希望的曙光而痛哭失聲。漂流的旅程，透過生命的音符譜成一首又一首慷慨激昂的交響詩。旅行的當下，總認爲，這才是我選擇的人生。

在漫長的旅行結束，回到家以後，總會突然對自己的未來感到茫然若失，這似乎是所有旅行者都會發生的事：對家的陌生、思念那些餐風宿露的游牧生活，以及對今後的日子感到些許的迷惘。

外面的世界太過浩瀚，有太多太多的人、事、物，無法就這樣鬱積在記憶的角落，然後隨著歲月的推移而漸漸褪色、漸漸遺忘。所以在荒野馳騁了一段時間之後，我會試著記錄下我記得的一切，那些聲音、影像、氣味，以及曾經擁有過的感動；同時也試著把旅行的故事告訴朋友和家人，告訴那些願意傾聽的人。

雖然願意蝸居，晴耕雨讀，另一個分裂的自我卻仍渴望逐水草而居。我不只一次獨坐在咖啡座，天馬行空卻又具體而微地在腦海中沙盤推演下一次，甚至是下下一次的遠行。我們總是渴望不同的風景、不同的視野、不同的人生，希望透過不斷的移動，練就出對生命的豁達；希望藉著不一樣的天空，積累出對人生的觀照體悟。

在最深層的意義而言，旅行，成就了生命激情的追求。但是，有沒有其他的可能性，讓我們看到不一樣的生命風景呢？或許，藝術可以爲我們指引方向。

隱藏在比利時首都，布魯塞爾銀禧公園（荷文是Jubelpark，法文則爲Parc du

Cinquantenaire）裡的「人類激情聖殿」（Tempel van de Menselijke Driften），是比利時新藝術大師維克多・奧塔（Victor Horta）在一八八九年的建築作品，從外觀看來，就只是一座新古典主義樣式的神廟建築，四平八穩的建築風格，不禁讓我想起高踞雅典市區高處的帕特農神殿。不過，裡頭侍奉的，不是理性冷靜的阿波羅或是雅典娜，而是生而爲人，種種令我們向上提升，也向下沉淪的欲望與激情。

在神殿的最中心，置放著由傑夫・藍博（Jef Lambeaux）創作的大理石浮雕鉅作〈人類激情〉，是藍博生命的最後，將畢生功力歸結於此的遺作，也是一部長久以來備受冷落，卻無與倫比的精采之作。

我去看的時候，已年久失修。像是一塊從神廟壁雕中破碎割離的殘片，一大塊規模巨大的殘片。看到它的第一眼令我十分震撼，死神高懸在作品的正中央，支配著人類的幸福與罪惡，藍博將自身經歷的死別生離，化爲一組組扭曲的人形，這些人形彼此交疊糾纏，每一個單元都傳達了無人能躲避宿命的無奈悲觀。浮雕的線條溫柔又狂暴，譜成了一幅慷慨激越的情感圖繪。親情及友情，隱藏在無限豐富卻又隨處可見的細節中，每一個浮雕人物，傳達了人類情感的純粹，似乎也都使盡了全力想掙脫畫面，就像是我們想擺脫日常生活的束縛一樣。

〈人類激情〉，一方面承繼了文藝復興壯烈的情感表達方式，另一方面，作品也傳達出最深入意識的心理表現。〈人類激情〉赤裸裸地展現踰越禮教的情欲性愛，也

聖殿外貌

正是世紀末集體潛抑的秘密心事，除此以外，〈人類激情〉還展示了人類被動式的負面激情與悲劇性，比如戰爭、縱欲、復仇與自殺。

也難怪這件作品首次公開展出後，隨即被社會輿論抨擊得體無完膚。〈人類激情〉展示肉體愉悅的各種方式與毫無拘束的肢體表情，報刊稱它爲醜聞。其實裸露不是最重要的問題，問題出在耶穌的位置。在十字架上的耶穌基督竟位於死神的下方，這激怒了保守的比利時人：

「耶穌基督是超越生命！超越死亡！超越一切的啊！」報紙激動地寫道：「這樣粗製濫造的下流工藝，應該要全部打爛，然後放在藍博的墳上，當作墓碑！」

所以，這座才剛舉行完落成典禮的「聖殿」，僅僅開放了三天，就被保守的市政當局下令關閉，用木隔板封死。從此，〈人類激

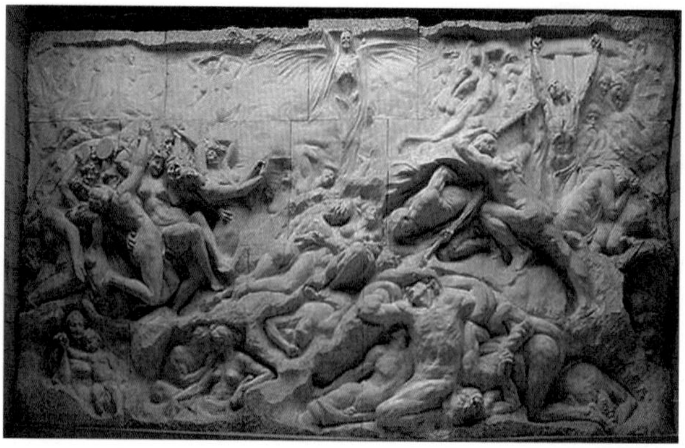

〈人類激情〉

情〉遠離了大衆的視線，被冷落塵封長達七十年，直到二〇〇二年，才得以重見天日，對外開放。

二十世紀初虛矯僞善的社會，還沒有辦法直視人性的卑微、懦弱，我覺得，就是這樣的壓抑與姑息，後來在歐陸觸發了兩次毀滅性的世界大戰，人類引以自豪的先進文明，爲此付出了慘痛代價。

在〈人類激情〉中，展現的情緒不是信心、希望、愛……而是絕望，是憤怒、是人類面對巨大生命課題的無奈及無能爲力。人類在死神面前，被激情的火焰熊熊燃燒，在沉淪的世道中掙扎，脆弱無依。人，因爲夢想而成長、茁壯、偉大。但是，眞正能忠於自我，實現理想的有多少呢？絕大部分，平凡如妳我的，在現實社會中，都成了自我理想的叛教徒，甚至是殉教徒，當我們離開夢想的那一刻，正如尼采所說：

你已經死了！

〈人類激情〉所表達的，正是身而爲人，投身於夢想，求不得、盼不到、等不了的悲哀火焰。最後，人類選擇了最悲壯、最激烈，也最怵目驚心的形式結束生命。〈人類激情〉中的死亡，是我們與現實決裂的方式。引火自焚的殉道者，是爲了「犧牲」而「奉獻」，像文藝復興時期堅持地球是繞著太陽轉的布魯諾，一九六三年在西貢自焚身亡的釋廣德，是將自身化成火炬，化爲燈塔，指引後世的人；有的人則是在激情中「溺死」，像是《哈姆雷特》中的奧菲麗亞，沉溺在自己悲哀的情緒之中，最後只能投水自盡，吐出生命的最後一口氣。

所謂的「熱情」，被黑暗負面的能量捕捉時，霎時化爲矛盾與悲哀，帶我們進入絕望的死蔭之谷。〈人類激情〉讓我們看清楚，人們爲了追逐夢想死而後已的執著與癡迷，錯誤與愚昧。從對立面歌頌人類的熱情。

或許，我們都曾爲這個世界，付出過太多太多的哀傷，爲了他人，我們也失去了完整自由的自己。看過〈人類激情〉之後，我發現：完整自主的生命，是絕對而不是相對的。不假外求，也不需要與他人比較，因爲，我就是我自己。與其像一隻羽毛豔麗、歌聲動人，卻只能待在籠牢裡供人賞玩的金絲雀，我寧可當一隻自由自在的林間鳥，在屬於自由的天空裡恣意飛翔，即使只是隻粗嘎不文的烏鴉也無妨。

這才是我所選擇的人生。

德國‧漢堡

霧海裡的漫遊者——彷彿就在指尖的永恆

妳是否也曾在某時、某地，強烈地感覺到，自己正觸碰著「永恆」？有人說，那就是神，我不敢那麼言之鑿鑿，畢竟，「神」的存在是個太大的辯證，姑且，就讓我名之爲「永恆」吧。

我的青年時代，有一大半的時間，都在群山中度過。總是趕在日出之前，攀過層層剝落崩裂的岩架，越過重重混沌迷茫的雲霧。如此的折騰不爲什麼，只是想在破曉時分，站在水盡路窮的所在，用身體去感受宇宙洪荒初開的撼動。

在迷霧中尋路，讓我想起清初著名畫僧石濤，在〈題畫詩跋〉中所寫的：

古木蒼蒼，雲水澹澹；到時方知，非墨非幻。

在原始山林之中，我一方面感到山林淒惻的寒涼，一方面也用身體，深刻地記錄「存在」（being）的感受。

〈霧海裡的漫遊者〉

相較於現代人「環保」「樂活」的生活態度，我們很難想像三百年之前的西方文明是如何看待「自然」？對古歐洲人來說，進入自然，就是跨入冒險與蠻荒。從古希臘神話裡追尋金羊毛的傑森王子、航行於妖魔之海的尤里西斯，挑戰蛇蠍女妖梅杜莎的珀修斯，到羅馬共和的偉大軍事家凱撒，他們的「遠征」全都帶著「VENI VIDI VICI」（我來、我見、我征服）的侵略性格。近代的殖民經濟與帝國主義，就某些層面來分析，可說是西方旅行觀的具體實踐。

在漫長的中世紀，人們是不敢接近大自然的。記得小時候讀的童話故事嗎？森林很危險，有巫婆、有野獸，妳可能會遇到妖魔鬼怪、盜匪，或是被野獸吃掉。為了安全，貴族建了城堡，一座一座的莊園以城堡為中心，平民就住在圍牆內，每天到牆外去耕作，日出而作、日落而息。人們緊密地生活在一起，虔誠地信仰著神，這種生活方式持續了將近一千年。

然而，長時間的掌權導致了教廷的腐敗，宗教改革的力量迅速擴散，神主宰人間的影響力也逐漸消褪，啓蒙運動之後，這種趨勢更是明顯。十八世紀是一個充滿希望與絕望年代，人們所期盼的大革命，並沒有為大家帶來幸福，接踵而來的政爭與戰亂，讓世界淪落成雨果筆下的悲慘世界。人們在這樣的流離中，失去信仰，失去了心中的那一份光。生命，成為荒謬而無意義的存在。

接下來，許許多多的思想家、哲學家，站出來帶領我們，以不同的方式去探討

「人」與「存在」之間的問題。丹麥的哲學家齊克果，將「人」的存在，細分成三種不同限界層次：感性、理性和宗教性。

感性限界的人，是熱中生活體驗的享樂主義者。他們主觀而富有創造力，對世界沒承擔、沒責任，覺得世界充滿可能。

理性限界的人，活在現實堅硬的地表上，對世界充滿承擔和責任，清楚明白人世間的道德、倫理規條。因此，有別於感性的人，理性的人知道這世界處處設限，充滿著「不可能」或疑問。面對不可能和疑問，理性的人就只有放棄或否認，並永遠爲失去的東西而悲傷。

此時，人唯有藉由「信心的一躍」（Leap of Faith），躍入屬靈的宗教，用信念的力量超越懷疑，完成理智上所認定的種種不可能。只有看似荒謬的信仰，才能讓人重獲「萬事有可能」的希望。

然而，繁華終有落盡的時候，歐洲人開始驚覺到：文明是會消失的，宗教也是如此！那些看似理所當然的眞理，都可能在轉眼間灰飛煙滅。那麼「永恆」是什麼呢？若上帝已死，茫然的靈魂還能以什麼爲依歸呢？人們必須找到新的力量取代上帝在心中的位置，終於，人

大衛．腓德烈希（Caspar David Friedrich）

們在「自然」中找到了歸屬。

超驗的神秘，不再只是宗教典籍裡的救贖，而是窗外朗朗的青空，人們從室內，開始走向浩瀚無垠的大自然，積極地走入群山延綿的天際線下，航行在驚濤駭浪的汪洋中，爲的是尋找心中那份永恆、卻逐漸暗淡的光。

二十八歲那年，我第一次來到漢堡，在市立美術館與他相遇，也看見了「永恆」。大衛．腓德烈希所繪製的〈霧海裡的漫遊者〉，是漢堡市立美術館的鎮館之寶。繪於一八一八年，反映的正是十九世紀特殊的時代氛圍。

出生於波羅的海畔小鎮的腓德烈希，對自然景觀有分非比尋常的熱情。他喜歡畫煙波浩渺的汪洋、波瀾壯闊的雲海，或是淒惻迷離的霧靄。當海平面延伸到盡頭時，是被蒸騰的水汽氤氳著視線盡頭，這片迷茫是腓德烈希心中亙古恆常的風景。以前的人畫畫，地平線一定是清楚的，代表可以預期的未來，然而腓德烈希筆下的天地之交卻是朦朧而曖昧。我覺得，這是人類這是第一次覺察，「命運」並不掌握在自己的手中，也不在諸神的意志，必須向懵懂的未知探索，在荒謬虛無裡找尋意義。

腓德烈希透過畫作，將至高無上的力量，隱藏在大自然中。對我來說，〈霧海裡的漫遊者〉可說是整個浪漫主義的核心價值，也就是「人挑戰未知」，力量薄弱的個人必須要挺身而出，勇於面對廣大的群眾、面對未知。

站在這幅畫前，我想起了攀登歲月的種種。

在大自然中，被豐富的生命包圍著，才會感覺到「一切都有天命」。記得年輕的時候，我曾爬上聖母峰的最後一個供給嶺，南坳。那裡的海拔是七、八〇〇〇公尺，在那個高度，妳會發現，天空的顏色變了，變成很深很深的藍，是趨近於黑色的寶藍色。那藍是如此的幽深，彷彿在白天也可以看得到星星。天空是那麼的近，好像我們伸出手，就可以觸碰到天空、觸碰到永恆。

腓德烈希所描繪的，當人在邁向未知之時，彷彿可以觸碰到永恆的美好。

在這種極度孤獨的環境下，我們會把自己走過的人生，反反覆覆想上好幾遍。鑽牛角尖也好，放開胸懷也好，在那樣的環境裡，人得學會和自己相處，學會和孤獨相處。然而，由於被那巨大、未知的力量所環繞，妳不會覺得寂寞，反而是謙卑的，驚異於自己正在體驗的一切。

後來，人生有了意外，生活不一樣了，漸漸地，群山與我的距離遠了，就像是放棄了生命中很重要的事物，是一種傷逝的遺憾。心情低落的時候，看著〈霧海裡的漫遊者〉，就能讓我憶起生命中那些流離卻美好的點滴：曾經登過的高山、看過的大海，在那裡曾感受到的「永恆」。即使那種感受僅僅只在千分之秒間一瞬而過，但我仍願意再翻過萬水千山，回到人與自然交會的所在，只為了重溫那樣的感受。

我相信，每個人也可以從〈霧海裡的漫遊者〉，試著去觸碰，那份可望而不可及的「永恆」。

〈海邊的僧侶〉

國家圖書館出版品預行編目資料

歐遊情書 ： 因爲太美，一定要說給你聽的風景 / 謝哲青 著.
-- 初版. -- 臺北市：圓神，2014.01
224面 ；17×23公分. -- （圓神文叢；154）
ISBN 978-986-133-483-7（平裝）
1.遊記　2.歐洲

740.9　　102024077

The Eurasian Publishing Group
圓神出版事業機構
圓神出版社
Eurasian Press

http://www.booklife.com.tw　　reader@mail.eurasian.com.tw

圓神文叢 154

歐遊情書——因爲太美，一定要說給你聽的風景

作　　者／謝哲青
文字整理／張蘊之
發 行 人／簡志忠
出 版 者／圓神出版社有限公司
地　　址／台北市南京東路四段50號6樓之1
電　　話／（02）2579-6600 · 2579-8800 · 2570-3939
傳　　真／（02）2579-0338 · 2577-3220 · 2570-3636
郵撥帳號／ 18598712　圓神出版社有限公司
總 編 輯／陳秋月
主　　編／林慈敏
專案企畫／賴真真
責任編輯／莊淑涵
美術編輯／金益健
行銷企畫／吳幸芳 · 涂姿宇
印務統籌／林永潔
監　　印／高榮祥
校　　對／林振宏 · 莊淑涵
排　　版／陳采淇
經 銷 商／叩應股份有限公司
法律顧問／圓神出版事業機構法律顧問　蕭雄淋律師
印　　刷／國碩印前科技股份有限公司
照片提供／ Paul Vlaar 013; Frieda 015；林煜幃 029, 155, 177；Carla Nunziata 040；Museo Cappella Sansevero 066-069; Artefakte 097; Mkonikkara 107；Gradiva 128; Leoboudv 130; David Monniaux 149；Herbert Ortner 150；David Jones 165；楊嘉瑤 193, 194, 197, 199；Rogergoos 213；Adam McMaster 214; 其餘圖片皆由謝哲青提供。

2013年12月25日　初版
2023年7月　28刷

定價 320 元　　ISBN 978-986-133-483-7

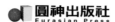